16	3	2	13
5	10	11	8
9	6	7	12
4	15	14	1

coleção TRANS

Jacques Rancière

MAL-ESTAR
NA ESTÉTICA

Tradução
Gustavo Chataignier e Pedro Hussak

editora 34

Editora 34 Ltda.
Rua Hungria, 592 Jardim Europa CEP 01455-000
São Paulo - SP Brasil Tel/Fax (11) 3811-6777
www.editora34.com.br

Editora PUC-Rio
Rua Marquês de São Vicente, 225 Gávea CEP 22451-900
Rio de Janeiro - RJ Brasil Tel. (21) 3527-1760/1838
edpucrio@puc-rio.br www.editora.puc-rio.br

Copyright © Editora 34 Ltda. (edição brasileira), 2023
Malaise dans l'esthétique © Éditions Galilée, 2004

A FOTOCÓPIA DE QUALQUER FOLHA DESTE LIVRO É ILEGAL E CONFIGURA UMA
APROPRIAÇÃO INDEVIDA DOS DIREITOS INTELECTUAIS E PATRIMONIAIS DO AUTOR.

Capa, projeto gráfico e editoração eletrônica:
Franciosi & Malta Produção Gráfica

Revisão:
Raquel Camargo, Alberto Martins, Beatriz de Freitas Moreira

1ª Edição - 2023

CIP - Brasil. Catalogação-na-Fonte
(Sindicato Nacional dos Editores de Livros, RJ, Brasil)

R152m
Rancière, Jacques
    Mal-estar na estética / Jacques Rancière;
tradução de Gustavo Chataignier e Pedro Hussak
— São Paulo/Rio de Janeiro: Editora 34/Editora
PUC-Rio, 2023 (1ª Edição).
144 p. (Coleção TRANS)

ISBN 978-65-5525-151-7 (Editora 34)
ISBN 978-65-88831-96-0 (Editora PUC-Rio)

Tradução de: Malaise dans l'esthétique

1. Filosofia francesa contemporânea.
2. Estética. 3. Política. I. Chataignier, Gustavo.
II. Hussak, Pedro. III. Título. IV. Série.

CDD - 194

MAL-ESTAR NA ESTÉTICA

Apresentação à edição brasileira, *Jacques Rancière* 7

Introdução 17

Políticas da estética
A estética como política 33
Problemas e transformações da arte crítica 57

As antinomias do modernismo
A inestética de Alain Badiou:
    as torções do modernismo 75
Lyotard e a estética do sublime:
    uma contraleitura de Kant 99

A virada ética da estética e da política 117

Sobre o autor 139
Sobre os tradutores 141

APRESENTAÇÃO À EDIÇÃO BRASILEIRA

Gustavo Chataignier e Pedro Hussak consideraram que este livro merecia ser, hoje, proposto aos leitores brasileiros. Devo-lhes um grande agradecimento por realizar e levarem a bom termo eles próprios a tradução. Mas devo também responder às questões que sua iniciativa poderá suscitar. Diante do título deste livro, muitos pensarão, talvez, que um mal-estar na estética é pouca coisa em relação aos males que afetam nosso presente, e que a própria estética é uma noção que pertence a uma era ultrapassada quando era possível entregar-se sem constrangimento à contemplação de obras de arte e elegantemente dissertar sobre seus temas. Posso desde já assegurá-los quanto a um ponto: tal suspeita não é nova. Ao escrever este livro, há mais de quinze anos, eu assinalava as duas grandes formas concorrentes acerca das quais ele se manifestava: de um lado, a crítica sociológica que denunciava, no sentimento estético, a simples idealização de um gosto distinto separado do gosto vulgar pela diferença das classes sociais; de outro, as críticas vindas dos mais diversos cantos da filosofia, que denunciavam um discurso parasita que oblitera a potência própria da obra de arte ou que a confisca em benefício de uma religião do absoluto ou de utopias totalitárias.

Por mais distantes que possam parecer, essas duas formas de crítica, para mim, levavam a um mesmo esquema fundamental: aquele que sempre denuncia a distância entre as realidades sólidas e as palavras inconsistentes. Ora, é essa suspeita, comum tanto aos filósofos e aos sociólogos como aos artistas e aos políticos, essa suspeita compartilhada pelo bom senso conservador e pela radicalidade marxista que todo o meu trabalho empenhou-se em pôr em questão. A oposição demasiado fácil entre as realidades sólidas e as palavras voláteis esquece-se de que as próprias palavras são realidades que reúnem e dividem os humanos e fazem-nos viver e morrer; que elas constroem mundos comuns e carregam dentro de si sentidos de humanidade, e que fazem isso na medida mesmo da sua separação com o que elas nomeiam e com o que elas designam por esse expediente como realidade perdida ou verdade prometida.

A crítica das nuvens da estética em nome das realidades da distinção social ou da autenticidade artística podia então ser compreendida da mesma maneira que a crítica das noções de povo, de igualdade ou de liberdade em nome das realidades "objetivas" da vida das sociedades. A arte sem estética era talvez o equivalente e o complemento dessa política sem povo que ganhava então nas sociedades ocidentais o nome de consenso. Ela refere-se ao mesmo processo que desde os anos 1990 tendia a apagar as "aparências" da divisão política sob as necessidades brutas da gestão dos problemas comuns. Ela pedia, portanto, o mesmo trabalho arqueológico de ressignificar a palavra suspeita "estética" que foi desenvolvido em *La Mésentente* ou em *La Haine de la démocratie*[1] de ressignificar as palavras condenadas ou desnaturadas de "povo" e de "democracia".

Daí decorre a estrutura particular deste livro que parece à primeira vista tensionado entre duas extremidades: de um lado, a síntese de um longo trabalho de pesquisa histórica e filosófica sobre a ideia estética, de outro, uma intervenção crítica no presente das tendências e polêmicas artísticas, da estética relacional à teoria do irrepresentável. Como em *O desentendimento*, tratava-se de detectar, nas formas e nas tensões do presente, os vestígios de um longo processo histórico em que se desenvolvera a contradição inerente a uma ideia, inerente à potência de inteligibilidade e de afeto de uma palavra.

---

[1] *La Mésentente*, Paris, Galilée, 1995, e *La Haine de la démocratie*, Paris, La Fabrique, 2005 [ed. bras.: *O desentendimento*, tradução de Ângela Leite Lopes, São Paulo, Editora 34, 1996, e *O ódio à democracia*, tradução de Mariana Echalar, São Paulo, Boitempo, 2014]. (N. da T.)

Meu livro é, portanto, de início, uma lembrança daquilo que a palavra "estética" implica: não simplesmente seu significado lexical, mas o tipo de mundo comum que ela delineia e o sentido de humanidade que carrega em si. A estética, eu recordava, não é a ciência ou a filosofia da arte, mas o regime de experiência no âmbito do qual, há pouco mais de dois séculos, percebemos e pensamos alguns objetos e algumas performances pertencentes a um mundo chamado arte. Ora, esse regime de experiência não é o da fruição elitista geralmente condenada sob o nome de "esteticismo". Tal como se inscreve na filosofia na *Terceira crítica* de Kant e no comentário a seu respeito nas *Cartas sobre a educação estética do homem* de Schiller, ele significa exatamente o contrário. Estética, diz Kant, é a apreensão de uma forma sensível que não depende de saber algum de especialista e de fruição alguma exclusiva. Estética, postula em seguida Schiller, é uma forma de experiência sensível livre das hierarquias que normalmente a estruturam: as do entendimento sobre a sensibilidade, da forma sobre a matéria, do ativo sobre o passivo e, finalmente, dos homens da cultura refinada sobre os homens de uma natureza tida como selvagem. Eis por que a própria distância do espectador diante da "livre aparência" artística não significa a fruição privada de uma elite, porém, ao contrário, a ruptura com um universo que ligava as performances das artes a um universo hierarquizado; ela mobiliza uma capacidade compartilhada por todos os humanos e carrega, assim, a promessa de uma igualdade nova: não essa igualdade formal, que gostaria de fixar nesse tempo as leis e as instituições revolucionárias, mas uma igualdade viva, presente nas próprias formas da percepção e da existência sensível.

É esse nó originário entre uma experiência de humanidade e uma promessa de comunidade que o termo "estética" designa. É a partir dele que uma história da arte moderna e sua relação com a política é pensável, livre das oposições estéreis entre arte engajada e arte pela arte, ou entre uma modernidade artística, identificada pela concentração de cada arte em seu material e suas técnicas próprias, e uma pós-modernidade caracterizada pela mistura carnavalesca dos produtos da arte e dos objetos da vida prosaica. Para compreender o passado das grandes rupturas e o presente das formas misturadas visadas por essas oposições demasiado fáceis, era preciso recomeçar do nó inicial e paradoxal entre uma experiência de separação e uma promessa de comunidade. Era preciso seguir a tensão presente no coração mesmo desse nó: a que não cessou de opor a feroz defesa de uma arte separada das formas ordinárias da experiência alienada e o projeto de uma arte que saísse dessa condição separada para realizar sua promessa de mundo. A partir daí era possível compreender ao mesmo tempo as tendências novas e majoritariamente consensuais das instalações de arte contemporânea e a radicalidade das proposições filosóficas relembrando à arte sua vocação de testemunho sobre o irrepresentável. Era possível situar tanto uma quanto outra na longa história das tensões e das inversões do paradigma estético.

De um lado, portanto, o capítulo sobre os problemas da arte crítica, alimentado pela experiência direta de algumas exposições emblemáticas daquela época, instava ao aprofundamento da definição um tanto simplória da arte crítica como arte que busca a conscientização das contradições sociais para alimentar a revolta. Eu recordava então a respeito da tensão não resolvida, escondida atrás da suposta consequência linear da tomada de consciência para a ação subversiva: o poder de elucidação que supostamente alimentava a tomada de consciência contraria o choque sensível que supostamente alimentava a energia da recusa. Nesse afastamento, aloja-se a tensão entre as duas grandes políticas da estética: a que impele a arte a sair de si mesma para tornar-se vida e a que liga, inversamente, sua eficácia à distância mantida em relação ao que é válido como "a vida". Essa tensão que dilacerava a arte crítica era também o que fazia sua força provocadora. Ora, essa provocação parecia precisamente diluir-se nas instalações que povoavam as exposições mais significativas da época. Suas composições de elementos heterogêneos evocavam os grandes momentos da colagem e da montagem dialéticas. Contudo, não queriam mais tanto revelar a textura conflituosa de um mundo, mas instaurar, através das práticas de coleção, de encontro e de jogo, uma nova convivialidade. A arte que tinha pretendido preparar um mundo novo ao aguçar as contradições do velho parecia agora querer identificar-se diretamente com uma maneira de viver juntos no mundo tal como ele era, de fazer o inventário dos elementos de uma história comum e de divertir-se com suas significações contraditórias. Cumpria, em suma, sua vocação de reunião ao preço de sua potência de separação.

Diante dessa versão diminuída da vocação comunitária da arte, levantava-se uma reafirmação radical de um poder de separação elevado à altura de um dever de resistência. Essa radicalidade exprimia-se de maneira mais clara nos escritos de Jean-François Lyotard. Esse último instava a que se reencontrasse a potência original da arte moderna, que ele via resumida no conceito do sublime. Na analítica kantiana do sublime, o espírito experimentava a incapacidade da potência sensível de retorquir à exigência da razão, que lhe demandava uma resposta à sua vocação suprassensível. Dessa impossibilidade, Lyotard tirava a definição de uma arte moderna como arte sublime, devotada a constatar uma ruptura original entre o sensível e o inteligível, que pode ser resumida no conceito do irrepresentável. Essa ruptura levava a arte a libertar-se das correntes da representação para abordar a potência sensível heterogênea do traço pictural ou do timbre musical. Porém, esse choque do sensível puro era também uma experiência de impotência, a descoberta de uma dependência radical do espírito em relação a uma lei do *Outro*. E essa descoberta levava à revogação de toda a tradição estética fundada em um sonho de humanidade reconciliada, cuja versão suave era dada pelas montagens ecléticas da arte contemporânea; a versão dura, pelo programa totalitário do homem novo e seu acabamento nos campos da morte. A arte devia pensar-se dentro de uma história que não era mais orientada por uma reconciliação por vir, mas por um desastre advindo do qual o espírito estava condenado a carregar o testemunho.

Diante dessa radicalidade atribuída à arte e ao pensamento, meu livro efetuava um trabalho duplo. De um lado, dispunha-se a analisar de perto a interpretação de Kant feita por Lyotard, destinada não a provar que este compreendera mal aquele, mas para mostrar como sua leitura constituía a inversão estrita da leitura schilleriana, mas também que tal inversão era ela própria o último ponto da divisão interna do paradigma estético. Entre a promessa schilleriana e o desastre de Lyotard, o elo essencial era dado pela teorização de Adorno, que tinha exacerbado a tensão inicial e a tinha levado ao ponto de ruptura, destinando a obra à afirmação de sua distância radical em relação ao mundo da experiência alienada para melhor reter sua promessa de reconciliação. Restava a Lyotard o derradeiro gesto de transformar a contradição, que mantinha o sonho de reconciliação, em desastre que testemunha o irreconciliável, e, de agora em diante, ligando a radicalidade da arte à denúncia da desastrosa mentira da promessa estética.

Contudo, essa própria análise minuciosa não ganhava sentido senão no quadro geral que ela permitia desenhar e que vinha exatamente se ajustar àquele no qual eu tentara, em *O desentendimento*, resumir o destino contemporâneo da política. A coexistência do afrouxamento da arte crítica, na sua forma convivial, e da radicalidade de um pensamento do sublime, que devotava a arte ao testemunho do desastre, cobria exatamente uma paisagem da política marcada pelo mesmo afastamento entre o afrouxamento da democracia consensual e a violência do que o consenso enviava para as suas margens: as novas formas da exclusão — social, étnica ou religiosa —, os desastres humanitários e as missões de guerra capitaneadas pelas potências ocidentais contra um inimigo identificado com o império do mal. Tanto em um quanto em outro caso, a contradição interna que mantém viva a política e a arte encontrava-se, de um lado, suprimida na proclamação do consenso, e, de outro, exacerbada na afirmação de uma alteridade sem reconciliação possível. Ao perder a tensão interna que as animava, estética e política perdiam no mesmo golpe suas especificidades. Viam-se levadas a uma realidade unidimensional nomeada ética. No entanto, a ética assim evocada não tinha nada a ver com a moral kantiana que opõe à natureza sensível o incondicional da lei e do dever. Significava, inversamente, a crescente indistinção entre o fato e o direito. Significava isso na forma do consenso que reina nas sociedades ricas, nas quais a lei buscava sempre melhor adequar-se às maneiras de viver dos indivíduos. Mas também significava isso na forma das novas guerras humanitárias, nas quais os países ocidentais autodesignavam-se como o império do bem e declaravam guerra contra o império do mal, tomando por conta própria esses direitos humanos que suas vítimas não dispunham dos meios de exercer por si. Ora, essas guerras de invasão recebiam um apoio inesperado no mundo intelectual francês. Foi assim que Jean-François Lyotard encontrou-se dentre os signatários de um apelo coletivo em apoio à primeira invasão americana no Iraque. A medusa da arte sublime assumia então o rosto guerreiro que encontrava sua teorização, quando o filósofo que havia revogado a promessa estética de emancipação humana afirmava a necessidade de transformar os direitos humanos em "direitos do outro".[2]

O "mal-estar na estética" é, portanto, totalmente diferente desses sofrimentos íntimos dos estetas de que temos prazer em zombar em nome dos sofrimentos diferentemente sérios do povo. Desde a época do nascimento da estética, que é também o tempo das festas revolucionárias, as fronteiras da arte e da política não cessaram de ser porosas e tampouco seus destinos de se cruzar. Da mesma maneira, minha longa pesquisa sobre a história da ideia estética foi sempre acompanhada pelo sentimento de que a rejeição da estética e a declaração do fechamento das utopias artísticas era a outra face das declarações do fim das ideologias, da política e da história. No mesmo período em que elaborava este livro, escrevia para a *Folha de S. Paulo* crônicas que tentavam discernir os traços do presente e suas mutações, viajando entre o que davam a compreender as declarações de George Bush Jr. sobre a guerra contra o terror e o que davam a ver uma exposição de Matthew Barney em Paris, as instalações gigantescas de uma Bienal em São Paulo ou um *blockbuster* hollywoodiano.[3] Este livro tornou-se, assim, duas coisas, a um só tempo: um esclarecimento sobre o presente da arte, trazido pela longa história do regime estético; e a apreensão de um momento de mudança histórica. Na recusa da estética, atualizava um processo similar ao que viria a estudar no ano se-

---

[2] Ver Jean-François Lyotard, "The Other's Rights", in S. Shute e S. Hurley (orgs.), *On Human Rights: The Oxford Amnesty Lectures*, Nova York, Basic Books, 1993; e Jacques Rancière, "Who is the Subject of the Rights of Man?", in *Dissensus: On Politics and Aesthetics*, Londres/Nova York, Continuum, 2010.

[3] Algumas dessas crônicas, escritas entre 1995 e 2005, foram reunidas no livro *Chroniques des temps consensuels*, Paris, Seuil, 2005.

guinte, em O *ódio à democracia*. Num e noutro caso, a promessa de igualdade contida numa palavra encontrava-se revogada, invertida num mesmo consentimento à ordem desigual que se manifestava na dupla da paz consensual e da relação violenta com uma alteridade radical.

Dir-se-á quiçá que isso faz dele um livro datado. O mundo da arte já se esqueceu das exposições marcantes daquele tempo e as teses de Jean-François Lyotard perderam a visibilidade e o impacto que tinham então. Isso quer dizer também que a "virada ética" está antes de nós, que vivemos nesse mundo do após, no qual a submissão à ordem da desigualdade e todas as formas do ódio ao outro se expressam de agora em diante na maneira a mais direta e a mais despudorada. E é talvez por isso que vale a pena debruçar-se novamente sobre esse momento de mudança, esse momento em que se inverteram os valores e as aspirações tensionadas em direção a uma revolução do mundo sensível. Recolocar em cena esse horizonte de emancipação carregado pela palavra imprópria "estética", doar novamente seu peso a essas palavras "impróprias" que carregam mundos alternativos, não é esclarecer o presente pelo conhecimento do passado, mas redesenhar a paisagem do pensável, que é também uma paisagem do possível. O conhecimento do passado não dispõe, não importa o que se diga, de grande poder para esclarecer o presente. Mas pode muito para dividi-lo, para arrancá-lo dessa fé na necessidade histórica que constitui o fundo do consentimento à ordem do mundo.

Jacques Rancière
outubro de 2020

MAL-ESTAR
NA ESTÉTICA

INTRODUÇÃO

A estética tem má reputação. Quase não passa ano sem que uma nova obra proclame seja o fim de seu tempo, seja a perpetuação de seus delitos. Tanto num quanto noutro caso, a acusação é a mesma. A estética seria o discurso capcioso pelo qual a filosofia, ou certa filosofia, desvia em interesse próprio o sentido das obras de arte e dos julgamentos de gosto.

Se a acusação é constante, suas expectativas variam. Há vinte ou trinta anos, o sentido do processo podia resumir-se nos termos de Bourdieu. O julgamento estético "desinteressado", tal como Kant havia fixado a fórmula, era por excelência o lugar da "denegação do social".[1] A distância estética servia para dissimular uma realidade social marcada pela separação radical entre os "gostos de necessidade" próprios ao *habitus* popular e os jogos da distinção cultural reservados apenas àqueles que dispõem dos meios para tanto. Uma mesma inspiração animava, no mundo anglo-saxão, os trabalhos de história social ou cultural da arte. Uns nos mostravam, por trás das ilusões da arte pura ou das proclamações das vanguardas, a realidade das coerções econômicas, políticas e ideológicas, fixando as condições da prática artística.[2] Outros sau-

---

[1] Pierre Bourdieu, *La Distinction: critique sociale du jugement*, Paris, Minuit, 1979 [ed. bras.: *A distinção: crítica social do julgamento*, tradução de Daniela Kern e Guilherme J. F. Teixeira, São Paulo/Porto Alegre, Edusp/Zouk, 2007].

[2] Dentre os numerosos trabalhos publicados nesse sentido pelos historiadores sociais e culturais da arte, reteremos particularmente as obras de T. J. Clark, *Le Bourgeois absolu: les artistes et la politique en France de 1848-*

davam, sob o título de *A antiestética*, o advento de uma arte pós-moderna que rompia com as ilusões do vanguardismo.[3]

Essa forma de crítica já não está mais na moda. Há vinte anos que a opinião intelectual dominante não cessa de denunciar, em toda forma de explicação "social", uma cumplicidade ruinosa com as utopias da emancipação, declaradas responsáveis pelo horror totalitário. E, assim como canta o retorno para a pura política, ela celebra novamente o puro face a face com o acontecimento incondicionado da obra. Poder-se-ia pensar que a estética sairia sem máculas desse novo rumo do pensamento. Aparentemente, não foi isso que aconteceu. A acusação simplesmente se inverteu. A estética tornou-se o discurso perverso que impede o face a face, ao submeter as obras, ou nossas apreciações, a uma máquina de pensamento concebida para outras finalidades: absoluto filosófico, religião do poema ou sonho de emancipação social. Esse discurso deixa-se sustentar sem problemas por teorias antagônicas. *L'Adieu à l'esthétique*,[4] de Jean-Marie Schaeffer, assim faz eco ao *Petit manuel d'inestétique*,[5] de Alain Badiou. Os dois pensamentos são, no entanto, antípodas um do outro. Jean-Marie Schaeffer apoia-se na tradição analítica para opor a análise concreta das atitudes estéticas às errâncias da estética especulativa. Essa teria substituído o estudo das condutas estéticas e das práticas artísticas por um conceito romântico do absoluto da Arte a fim de resolver o falso problema que a atormentava: a reconciliação do inteligível e do sen-

---

1851, Villeurbanne, Art Edition, 1992, e *Une Image du peuple: Gustave Courbet et la Revolution de 1848*, Villeurbanne, Art Edition, 1991 [no original: *The Absolute Bourgeois: Artists and Politics in France, 1848-1851*, Princeton, Princeton University Press, 1973, e *Image of the People: Gustave Courbet and the 1848 Revolution*, Londres, Thames and Hudson, 1973)].

[3] Hal Foster (org.), *The Anti-Aesthetic: Essays on Postmodern Culture*, Nova York, The New Press, 1998.

[4] Jean-Marie Schaeffer, *L'Adieu à l'esthétique*, Paris, PUF, 2000. (N. da T.)

[5] Alain Badiou, *Petit manuel d'inestétique*, Paris, Seuil, 1998 [ed. bras.: *Pequeno manual de inestética*, tradução de Marina Appenzeller, São Paulo, Estação Liberdade, 2002]. (N. da T.)

sível. Alain Badiou, por seu turno, parte de princípios totalmente opostos. É em nome da Ideia platônica, da qual as obras de arte são os acontecimentos, que ele rejeita uma estética que submete sua verdade a uma (anti)filosofia compromissada com a celebração romântica sensível do poema. Mas o platonismo de um e o antiplatonismo de outro concordam em denunciar na estética um pensamento da mistura, participando da confusão romântica entre o pensamento puro, os afetos sensíveis e as práticas da arte. Um e outro respondem a isso por um princípio de separação que coloca os elementos e os discursos em seus lugares. Ao defender, contra a "estética filosófica", os direitos da (boa) filosofia, eles ainda se moldam no discurso do sociólogo antifilosófico que opõe a realidade das atitudes e das práticas à ilusão especulativa. Concordam, assim, com a opinião dominante que nos mostra a gloriosa presença sensível da arte devorada por um discurso *sobre* a arte que tende a tornar-se sua própria realidade.

Encontrar-se-ia a mesma lógica nos pensamentos da arte fundados em outras filosofias ou antifilosofias, por exemplo, em Jean-François Lyotard, em que é o golpe sublime do traço pictural ou do timbre musical que é oposto à estética idealista. Todos esses discursos criticam de maneira parecida a confusão estética. Mais de um, ao mesmo tempo, deixa-nos ver outro jogo implicado por essa "confusão" estética: realidades da divisão de classes opostas à ilusão do julgamento desinteressado (Bourdieu), analogia dos acontecimentos do poema e daqueles da política (Badiou), choque do Outro soberano oposto às ilusões modernistas do pensamento de que é possível moldar um mundo (Lyotard), denúncia da cumplicidade entre a utopia estética e a utopia totalitária (o coro dos terceirizados). A distinção dos conceitos não é em nada homônima da *distinção* social. À confusão ou à distinção estética ligam-se claramente desafios que tocam a ordem social e suas transformações.

As páginas que se seguem opõem a essas teorias da distinção uma tese simples: a confusão que elas denunciam, em nome de um pensamento que põe cada coisa em seu elemento próprio, é, na verdade, o próprio nó pelo qual pensamentos, práticas e afetos encontram-se instituídos e providos de seu território ou de seu objeto "próprio". Se "estética" é o nome de uma confusão, essa "confusão" é de fato o que nos permite identificar os objetos, os modos de experiência e as formas de pensamento da arte que pretendemos isolar para denunciá-la. Desfazer o nó para melhor discernir em sua singularidade as práticas da arte ou os afetos estéticos é talvez, então, estar condenado a perder essa singularidade.

Tomemos um exemplo. Jean-Marie Schaeffer quer denunciar a confusão romântica ao mostrar-nos a independência das condutas estéticas em relação às obras de arte e aos julgamentos por elas suscitados. Ele utiliza para isso uma pequena passagem da *Vie d'Henry Brulard*,[6] na qual Stendhal evoca os primeiros barulhos — insignificantes — que, na infância, marcaram-no: os sinos de uma igreja, uma bomba d'água, a flauta de um vizinho. Ele compara essas lembranças com as de um escritor chinês, Shen Fu, evocando as montanhas que via, criança, nos montículos feitos pelas toupeiras no nível do solo. Ele via ali o testemunho de "atitudes estéticas", idênticas através das culturas, e que não tem como objeto obras de arte. É fácil, todavia, ver ali totalmente o contrário. Ao participar da invenção de um gênero literário que borra as fronteiras — a vida do artista como obra —, Stendhal instaura o que é chamado a tornar-se a forma exemplar da nova narração romanesca: a justaposição de microacontecimentos sensíveis, cuja ressonância, através das camadas de tempo, opõe-se ao antigo encadeamento de ações voluntárias e de seus efeitos desejados e não desejados. Longe de demonstrar a independência das atitudes estéticas em relação às obras de arte, ele atesta um regime estético no qual se borra a distinção entre as coisas que pertencem à arte e as que pertencem à vida ordinária. O barulho bobo da bomba d'água que ele introduz em sua autobiografia de escritor é o mesmo que Proust consagrará como própria a marca da nova Ideia platônica, ao preço de sintetizá-la com o canto do tordo de Chateaubriand. É também aquele da sirene de navio introduzida por

---

[6] *Vida de Henri Brulard*, texto inacabado, de caráter autobiográfico, escrito em 1835-1836 e publicado muitos anos após a morte de Stendhal (1783-1842), em 1913. (N. da T.)

Varèse em *Ionisation*.[7] É esse barulho cuja fronteira com a música não cessou, no século XX, de se borrar com a própria música, como esta se borrou no século XIX com as musas literárias.

Muito longe de denunciar a "confusão" da teoria estética, a bomba d'água de Stendhal testemunha exatamente o que essa teoria, à sua maneira, esforça-se por interpretar: a ruína dos cânones antigos que separavam os objetos de arte dos da vida cotidiana, a forma nova, ao mesmo tempo mais íntima e mais enigmática, tomada pela relação entre as produções conscientes da arte e as formas involuntárias da experiência sensível que sente seu efeito. É isso mesmo que as "especulações" de Kant, Schelling ou Hegel registram: no primeiro, a "ideia estética" e a teoria do gênio como marcas da relação sem relação entre os conceitos da arte e o sem conceito da experiência estética; no segundo, a teorização da arte como a unidade de um processo consciente e de um processo inconsciente; no terceiro, as metamorfoses da beleza entre o deus olímpico sem olhar e as cenas de gênero holandesas ou os pequenos mendigos de Murillo. Stendhal não deixa sequer de nos dizer, insistindo complacentemente nas sensações da pequena criança de 1787 e 1788, o que estará no horizonte de suas especulações: essa nova educação sensível, formada pelos barulhos e acontecimentos insignificantes da vida cotidiana, é também a educação de um pequeno republicano, chamado a festejar sua idade da razão na época em que a Revolução francesa celebrará o reino da Razão.

É preciso então ler ao contrário os raciocínios do discurso antiestético contemporâneo para compreender ao mesmo tempo o que significa estética e o que motiva a animosidade que seu nome suscita hoje. Isso pode ser resumido em quatro pontos.

A "confusão" estética nos diz de início isso: não existe mais arte em geral, assim como não há condutas ou sentimentos estéticos em geral. A estética como discurso nasceu há dois séculos, na mesma época em que a arte começa a opor seu singular indeterminado à lista das belas-artes ou das artes liberais. De fato, não bas-

---

[7] *Ionização*, uma das peças musicais mais célebres de Edgar Varèse (1883-1965), escrita entre 1929 e 1931 para treze percussionistas e 37 instrumentos, entre os quais duas sirenes de navio. (N. da T.)

ta, para que haja arte, que haja pintores ou músicos, dançarinos ou atores. Não basta, para que haja sentimento estético, que tenhamos prazer em vê-los ou escutá-los. Para que haja arte, é preciso um olhar e um pensamento que a identifiquem. Essa própria identificação supõe um processo complexo de diferenciação. Para que uma estátua ou uma pintura seja arte, duas condições aparentemente contraditórias são requeridas. É preciso que se veja ali o produto de uma arte, e não uma simples imagem da qual se julga apenas a legitimidade de princípio ou a semelhança de fato. Mas é preciso também que se perceba ali outra coisa que não o produto de uma arte, quer dizer, o exercício regrado de uma habilidade.[8] A dança não é arte quando se vê nela apenas o cumprimento de um ritual religioso ou terapêutico. Mas não o é tampouco quando se vê ali um simples exercício de virtuosismo corporal. Para que seja contada como uma arte, é preciso outra coisa. Essa "outra coisa", até a época de Stendhal, foi chamada de uma *história*. Para a poética do século XVIII, a questão de saber se a arte da dança pertence às belas-artes leva a uma questão simples: a dança conta uma história? É ela uma *mimesis*? A *mimesis* é, de fato, o que distingue a habilidade do artista daquela do artesão, como daquela do animador.[9] As belas-artes são ditas como tais, pois as leis da *mimesis* nelas definem uma relação regrada entre uma maneira de se fazer — uma *poiesis* — e uma maneira de ser — uma *aisthesis* — afetada por ela. Essa relação a três, cujo fiador chama-se "natureza humana", define um regime de identificação das artes que propus nomear "regime representativo". O momento no qual a arte substitui o plural das belas-artes pelo seu singular e suscita, para pensá-lo, um discurso que se chamará estética, é o momento no qual se desfaz esse nó de uma natureza produtora, de uma natureza sensível e de uma natureza legisladora que se chama *mimesis* ou representação.

---

[8] No original, *savoir-faire*. (N. da T.)

[9] No original, *amuseur*, aquele que diverte. Note-se que, mesmo em português, se recorre por vezes ao termo inglês *entertainer*. (N. da T.)

A estética é, antes de tudo, o discurso que enuncia essa ruptura da relação a três que garantia a ordem das belas-artes. O fim da *mimesis* não é o fim da figuração. É o fim da legislação mimética que acordava uma à outra, a natureza produtora e a natureza sensível. As musas cedem lugar à música, ou seja, à relação sem mediação entre o cálculo da obra e o puro afeto sensível que é também a relação imediata entre o aparelho técnico e o canto da interioridade:[10] o solo de trompa que é a alma das palavras de Fiordiligi,[11] mas também a flauta do vizinho e a bomba d'água que formam uma alma de artista. A *poiesis* e a *aisthesis*, de agora em diante, relacionam-se imediatamente uma à outra. Mas relacionam-se no afastamento próprio de suas razões. A única natureza humana que as põe em acordo é uma natureza perdida ou uma humanidade por vir. De Kant a Adorno, passando por Schiller, Hegel, Schopenhauer ou Nietzsche, o discurso estético não terá outro objeto senão o pensamento dessa relação em desacordo. O que se empenhará assim em enunciar não é a fantasia de cabeças especulativas, mas o regime novo e paradoxal de identificação das coisas da arte. É esse regime que propus chamar "regime estético da arte".

Eis o segundo ponto. "Estética" não é o nome de uma disciplina. É o nome de um regime específico de identificação da arte. Os filósofos, a partir de Kant, puseram-se a pensar esse regime. Porém, não o criaram. Quando Hegel faz desfilar em seus *Cursos de estética*[12] a história das formas da arte como história das for-

---

[10] "Mas de qual poção mágica sobe agora o vapor dessa cintilante aparição de espíritos? Olho e não vejo nada além de um pobre tecido de relações de números, apresentado de maneira palpável em madeira perfurada, em uma aparelhagem de cordas de tripa e de fios de latão". Wackenroder, *Fantaisies sur l'art*, tradução francesa de Jean Boyer, Paris, Aubier, 1945, p. 331 (tradução modificada). Comentei em outro lugar o sentido dessa "aparição": ver "La Métamorphose des muses", em *Sonic Process: une nouvelle géographie des sons*, Paris, Centre Georges-Pompidou, 2002.

[11] Personagem da ópera de Mozart, *Così fan tutte* (1790). (N. da T.)

[12] *Vorlesungen über die Ästhetik* (1835) [ed. bras.: *Cursos de estética*, tradução de Marco Aurélio Werle, São Paulo, Edusp, 2001]. (N. da T.)

mas do espírito, dá-se conta de uma mutação contraditória no estatuto das obras. De um lado, as descobertas da arqueologia recolocaram as antiguidades gregas em seu lugar e em sua distância, recusando a Grécia civilizada[13] construída pela era clássica. Elas construíram uma nova historicidade para as obras, feita de proximidades, rupturas e retomadas, em lugar de um modelo evolutivo e normativo que regia a relação clássica dos Antigos aos Modernos. Mas, ao mesmo tempo, a ruptura revolucionária separou pinturas e esculturas de suas funções de ilustração religiosa ou de decoração das grandezas senhoriais e monárquicas, para isolá-las no espaço do museu, real ou imaginário. Ela, portanto, acelerou a constituição de um público novo, indiferenciado, no lugar dos destinatários específicos das obras representativas. E as pilhagens revolucionárias e imperiais nos países conquistados contribuíram para fermentar os produtos das escolas e dos gêneros. Esses deslocamentos tiveram como efeito a acentuação da singularidade sensível das obras em detrimento de seu valor representativo e das hierarquias de temas e gêneros segundo os quais eram classificadas e julgadas. A revalorização filosófica, por Hegel, da pintura de gênero holandesa, seguindo sua promoção pública e mercadológica, assinala o início dessa lenta erosão do tema figurativo, desse movimento secular que repeliu o tema ao segundo plano do quadro para fazer aparecer, em seu lugar, o gesto do pintor e a manifestação da matéria pictural. Assim teve início o movimento de transformação do quadro em arquivo de seu próprio processo, conduzindo às espetaculares revoluções picturais do século seguinte.

Da mesma maneira, quando Schelling define a arte como a união de um processo consciente e de um processo inconsciente, ele consagra uma inversão de perspectiva produzida pela expansão da percepção "filológica" dos poemas de Giambattista Vico a Johann Gottfried Herder ou Friedrich Wolf — e por fenômenos culturais como o entusiasmo pelo falso Ossian.[14] Os grandes modelos

---

[13] No original, *policée*. (N. da T.)

[14] Ossian, suposto bardo que teria vivido no século III e escrito poemas épicos em escocês gaélico, é hoje reconhecido como uma invenção do escri-

poéticos são agora lidos como expressões de uma potência coletiva anônima tanto e mais do que como realizações intencionais de uma arte guiada por regras poéticas. Jean-Marie Schaeffer espanta-se que a estética filosófica tenha esquecido, na celebração da arte, o que Kant tinha, todavia, sublinhado: a importância das condutas estéticas com vista aos espetáculos da natureza. Mas não há esquecimento algum. Desde Kant, a estética não cessou de querer pensar esse estatuto novo que faz perceber as obras de arte como obras da natureza, quer dizer, como operação de uma natureza não humana, não submetida à vontade de um criador. O conceito de gênio, que se quis associar à consagração do artista único, exprime, ao contrário, essa equivalência do desejado e do não desejado, que agora faz reconhecer e apreciar as obras *da arte* sobre a ruína dos critérios de perfeição *das artes*.

Os filósofos iniciadores da estética não inventaram essa lenta revolução das formas de apresentação e de percepção que isola obras para um público indiferenciado e as liga ao mesmo tempo a uma potência anônima: povo, civilização ou história. Tampouco inventaram a ruptura da ordem hierárquica que definia quais temas e quais formas de expressão eram ou não dignas de entrar no domínio de uma arte. Não inventaram essa nova escrita feita de microacontecimentos sensíveis dos quais fala a *Vida de Henry Brulard*, esse novo privilégio do ínfimo, do instantâneo e do descontínuo que acompanhará a promoção de toda coisa ou pessoa vil no templo da arte e marcará a literatura e a pintura antes de permitir à fotografia e ao cinema tornarem-se artes. Não inventaram, em suma, todas essas reconfigurações das relações do escritural e do visual, da arte pura e da arte aplicada, de formas de arte e de formas da vida pública ou da vida cotidiana e mercantil que definem o regime estético da arte. Não as inventaram, mas elaboraram o regime de inteligibilidade no seio do qual se tornaram pensáveis. Captaram e conceituaram a fratura do regime de identificação no

---

tor James Macpherson no século XVIII. Ainda que com sua autenticidade questionada desde o início, os poemas a ele atribuídos tiveram enorme impacto sobre o movimento romântico e foram traduzidos para várias línguas. (N. da T.)

qual os produtos da arte eram pensados, a ruptura do modelo de adequação que as normas da *mimesis* asseguravam entre *poiesis* e *aisthesis*. Sob o nome de estética, primeiramente captaram e pensaram o deslocamento fundamental: as coisas da arte, de agora em diante, identificavam-se cada vez menos segundo os critérios pragmáticos de "maneiras de se fazer". Elas se definiam, cada vez mais, em termos de "maneiras de ser sensíveis".[15]

Pensaram essa revolução no modo de um desafio para o pensamento. É o terceiro ponto: é bem inútil que os nossos contemporâneos denunciem o termo "estética". Aqueles que lhe honraram foram os primeiros a fazê-lo. "Seria o tempo de desembaraçar-se completamente dessa expressão que, desde Kant, retorna ainda e sempre nos escritos dos amadores de filosofia, mesmo que se tenha reconhecido seu absurdo [...]. A Estética tornou-se uma verdadeira *qualitas occulta*, e por detrás dessa palavra incompreensível mancham-se muitas afirmações vazias de sentido e círculos viciosos de argumentação, que deveriam ter sido postos a nu há muito tempo." Essa declaração radical não é obra de um ardente defensor da filosofia analítica anglo-saxã. Ela figura nas *Lições sobre a literatura e a arte*, de August Schlegel, o mais velho dos diabólicos irmãos, a quem se atribui de bom grado uma responsabilidade de maior monta quanto às ilusões fatais da estética romântica e especulativa.[16] O mal-estar estético é tão velho quanto a própria estética. A palavra "estética", que se refere à sensibilidade, não é apropriada para exprimir o pensamento da arte, disse a seu turno Hegel, antes de discutir acerca do uso estabelecido para em seguida se desculpar por retomá-lo. A desculpa de ontem é tão supérflua como as acusações de hoje. A inapropriação é constitutiva. A es-

---

[15] "Estética" designará neste texto, portanto, duas coisas: um regime geral de visibilidade e de inteligibilidade da arte e um modo de discurso interpretativo pertencente ele mesmo às formas desse regime. O contexto e sua própria inteligência bastarão, na sequência, para indicar ao leitor o sentido da palavra adequada a tal ou tal ocorrência.

[16] August Wilhelm Schlegel, *Vorlesungen über Schone Literatur und Kunst*, in *Kritische Ausgabe der Vorlesungen*, Paderborn, F. Schoningh, 1989, t. I, pp. 182-3.

tética não é o pensamento da "sensibilidade". Ela é o pensamento do *sensorium* paradoxal que permite de agora em diante definir as coisas da arte. Esse *sensorium* é o de uma natureza humana perdida, ou seja, de uma norma de adequação perdida entre uma faculdade ativa e uma faculdade receptiva. A essa norma de adequação perdida substitui-se a união imediata, a união sem conceito dos opostos, a atividade voluntária pura e a pura passividade. A origem da arte, diz Hegel, é o gesto da criança que lança uma pedra que ricocheteia para assim transformar a superfície da água, aquela das aparências "naturais", em superfície de manifestação de sua única vontade. Mas essa criança que lança uma pedra em ricochetes é também aquela cuja capacidade artística nasce da pura contingência dos barulhos da vizinhança, dos barulhos da natureza e da vida material sem arte. Não se pode pensar essa criança de duas faces sem contradição. Porém, quem quiser suprimir a contradição, suprimirá também a estética e o sentimento estético que crê assim preservar.

O que complica as coisas e exacerba os desafios de pensamento é que uma natureza "humana" é sempre, ao mesmo tempo, uma natureza "social". Esse é o quarto ponto. A natureza humana da ordem representativa ajustava as regras da arte às leis da sensibilidade e as emoções desta às perfeições da arte. Mas esse ajuste era correlativo de uma partilha que ligava as obras de arte à celebração das dignidades temporais, fazia concordar a dignidade de suas formas com a dignidade de seus temas e atribuía faculdades sensíveis diferentes àqueles que estavam situados em lugares diferentes. "O homem de gosto", dizia Voltaire, "tem outros olhos, outras orelhas, outro tato que o homem grosseiro".[17] A natureza, que harmonizava as obras com as sensibilidades, as fazia concordar com uma partilha do sensível que punha os artistas em seu lugar e separava aqueles que a arte concernia dos que a arte não concer-

---

[17] Voltaire, artigo "Gosto", *Dictionnaire philosophique*, t. VIII, p. 279. Lembremo-nos de que o *Dicionário filosófico*, aqui citado por comodidade, é uma coletânea fictícia. A maior parte dos elementos do artigo "Gosto" são na verdade tomados de empréstimo à sexta parte das *Questions sur l'Encyclopédie*, de 1771.

nia. Nesse sentido, Bourdieu tem razão, mas contra ele mesmo. A palavra "estética" diz, de fato, que essa natureza social se perdeu com a outra. E a sociologia nasceu exatamente da vontade de reconstituir essa natureza social perdida. O ódio à "estética" é-lhe, por essa razão, consubstancial. Sem dúvida a sociologia, no tempo de Bourdieu, abandonou seus sonhos originários de reorganização social. Porém, ela continua a querer, pelo bem da ciência, o que a ordem representativa queria para o bem das distinções sociais e poéticas: que as classes separadas tenham sentidos distintos. A estética, por sua vez, é o pensamento da nova desordem. Essa desordem não consiste apenas em que a hierarquia entre temas e públicos seja borrada. Mas que as obras das artes não se liguem mais àqueles que as tinham encomendado, cuja imagem elas fixavam e cuja grandeza celebravam. Elas ligam-se ao "gênio" dos povos, e se oferecem, ao menos de direito, ao olhar de qualquer um. A natureza humana e a natureza social cessam de se validar mutuamente. A atividade fabricadora e a emoção sensível encontram-se "livremente", como os dois pedaços de uma natureza que não mais dá provas de hierarquia alguma da inteligência ativa sobre a passividade sensível. Esse afastamento da natureza em relação a si mesma é de uma igualdade inédita. Essa igualdade inscreve-se em uma história que carrega, em troca da perda, uma nova promessa. A jovem menina da qual fala Hegel, a que sucede às Musas, não nos oferece senão as frutas destacadas da árvore, a lembrança velada, "sem efetividade", da vida que trouxe as obras de arte.[18] Porém, justamente, essas são como tais apenas porque seu mundo, o mundo da natureza desabrochando-se em cultura, não é mais, ou talvez nunca tenha sido, senão na retrospecção do pensamento. Talvez tenha havido — sem dúvida jamais houve — uma manhã grega em que os frutos da arte colhiam-se na árvore da vida. Mas o que se desvanece nessa perda de um bem hipotético é, em todo

---

[18] G. W. F. Hegel, *Phénoménologie de l'esprit*, tradução de Jean-Pierre Lefebvre, Paris, Aubier, 1991, p. 489 [ed. bras.: *Fenomenologia do espírito*, tradução de Paulo Meneses, Petrópolis, 1992]. "A jovem menina que sucede às musas" é o título de um texto de Jean-Luc Nancy que comenta essa passagem em *Les Muses*, Paris, Galilée, 1994, pp. 75-97.

caso, a ordem que ligava a natureza humana legisladora da arte à natureza social determinando o lugar de cada um e os "sentidos" convenientes a esse lugar. O reino revolucionário da natureza torna-se um sonho vão. Mas o que se ergue como a resposta a esse sonho impossível é a promessa ocasionada pela própria perda, pela suspensão das regras de acordo da natureza humana e da natureza social: a humanidade por vir, que Schiller vê anunciada no "livre jogo" estético, o "gosto infinito da República", que Baudelaire sente nas canções de Pierre Dupont, a "promessa sem a qual não se saberia viver um só instante" que Adorno escuta renovada no próprio véu com o qual se cobre a sonoridade das cordas no começo da *Primeira sinfonia* de Mahler.

"Estética" é a palavra que diz o nó singular, incômodo a se pensar, que se formou há dois séculos entre as sublimidades da arte e o barulho de uma bomba d'água, entre um timbre velado de cordas e a promessa de uma nova humanidade. O mal-estar e o ressentimento que suscita hoje na verdade sempre gira em torno de suas duas relações: o escândalo de uma arte que acolhe em suas formas e em seus lugares o "qualquer coisa" dos objetos de uso e das imagens da vida profana; promessas exorbitantes e mentirosas de uma revolução estética que queria transformar as formas da arte em formas de uma vida nova. Acusa-se a estética de ser culpada do "qualquer coisa" da arte, acusa-se de ter extraviado a arte nas promessas falaciosas do absoluto filosófico e da revolução social. Meu propósito não é o de "defender" a estética, mas de contribuir para esclarecer o que essa palavra tem a dizer, como regime de funcionamento da arte e como matriz de discursos, como forma de identificação do próprio da arte e como redistribuição das relações entre as formas da experiência sensível. As páginas que se seguem dedicam-se mais particularmente a identificar a maneira pela qual um regime de identificação da arte liga-se à promessa de uma arte que seria mais do que uma arte ou não seria mais arte. Elas buscam, em suma, mostrar como a estética, enquanto regime de identificação da arte, traz em si mesma uma política ou uma metapolítica. Ao analisar as formas e as transformações dessa política, elas tentam compreender o mal-estar ou o ressentimento que a própria palavra suscita em nossos dias. No entanto, não se trata somente de compreender o sentido de uma palavra. Acompanhar a história da "confusão" estética é também tentar esclarecer outra confusão que a crítica da estética provoca, aquela que dilui conjuntamente as operações da arte e as práticas políticas na indistinção ética. O desafio, aqui, não se restringe às coisas da arte, mas toca nas maneiras pelas quais, hoje, nosso mundo dá-se a perceber e como os poderes afirmam sua legitimidade.

Este livro tem por base em parte os seminários dados entre 1995 e 2001 na Universidade de Paris VIII e no Colégio Internacional de Filosofia, em parte seminários e conferências proferidas nestes últimos anos a convite de numerosas instituições, na França e no exterior. Algumas referências são dadas ao longo do livro. Seria, infelizmente, demasiado longo mencionar todas as instituições e circunstâncias que me permitiram elaborar e corrigir as teses e as análises aqui apresentadas. Que todas aquelas e todos aqueles que estimularam este trabalho e acolheram e discutiram os resultados encontrem aqui a expressão de minha gratidão.

POLÍTICAS DA ESTÉTICA

A ESTÉTICA COMO POLÍTICA

Uma mesma afirmação alastra-se um pouco por toda parte hoje em dia: nós acabamos, diz-se, com a utopia estética, ou seja, com a ideia de uma radicalidade da arte e de sua capacidade de promover uma transformação absoluta das condições da existência coletiva. Essa ideia alimenta as grandes polêmicas que apontam o desastre da arte, nascido de seu compromisso com as promessas falaciosas do absoluto filosófico e da revolução social. Deixando de lado essas querelas midiáticas, pode-se distinguir duas grandes concepções de um presente "pós-utópico" da arte.

A primeira atitude é característica, sobretudo, de filósofos ou historiadores da arte. Ela pretende isolar a radicalidade da pesquisa e da criação artísticas das utopias estéticas da vida nova com as quais estava comprometida, seja nos grandes projetos totalitários, seja na estetização mercadológica da vida. Essa radicalidade da arte é, então, uma potência singular de presença, de aparição e de inscrição, que rasga o ordinário da experiência. Essa potência é, de bom grado, pensada sob o conceito kantiano do "sublime" como presença heterogênea e irredutível no coração do sensível de uma força que o ultrapassa.

Mas é possível interpretar essa própria referência de duas maneiras. Uma vê na potência singular da obra a instauração de um ser-em-comum anterior a qualquer forma política particular. Tal era, por exemplo, o sentido da exposição organizada por Thierry de Duve em Bruxelas em 2001 sob o título *Voici*, distribuída em três seções: *Me voici, Vous voici, Nous voici*.[19] A chave de todo

---

[19] *Voici* designa uma pessoa ou coisa que está relativamente próxima de quem fala e também algo que começa ou que vai acontecer. Normalmente é traduzido em português por *aqui está, eis aí*. Assim, as três seções da ex-

dispositivo foi dada por uma tela de Édouard Manet, o presumido pai da "modernidade" pictural: não *Olympia* ou *Le Déjeuner sur l'herbe* [*Almoço na relva*], mas uma obra de juventude, o *Christ mort* [*Cristo morto*], baseado em Francisco Ribalta.[20] Esse Cristo com os olhos abertos, ressuscitado da morte de Deus, fazia do poder de apresentação da arte o substituto do poder comunitário da encarnação cristã. Esse poder de encarnação, confiado ao próprio gesto de mostrar, revelava-se então igualmente transmissível a um paralelepípedo de Donald Judd ou a uma exibição de tabletes de manteiga da Alemanha Oriental de Joseph Beuys, a uma série de fotografias de um bebê tiradas por Philippe Bazin ou aos documentos do museu fictício de Marcel Broodthaers.

A outra maneira radicaliza, ao contrário, a ideia do "sublime" como afastamento irredutível entre a ideia e o sensível. Assim, Lyotard dá à arte moderna a missão de testemunhar a existência do irrepresentável. A singularidade da aparição é então uma apresentação negativa. A iluminação colorida que fende a monocromia de uma tela de Barnett Newman ou a palavra nua de um Paul Celan ou de um Primo Levi são, para ele, o modelo dessas inscrições. A mistura do abstrato e do figurativo em telas transvanguardistas ou a confusão das instalações que jogam com a indiscernibilidade entre as obras de arte ou os objetos ou ícones do comércio representam, inversamente, a consecução niilista da utopia estética.

Vê-se muito bem a ideia comum a essas duas visões. Por meio da própria oposição entre o poder cristão da encarnação do verbo e o interdito judaico da representação, da hóstia eucarística e da sarça ardente mosaica, a aparição fulgurante, heterogênea, da singularidade da forma artística é o que dita um sentido de comunidade. Mas essa comunidade levanta-se sobre as ruínas das pers-

---

posição podem ser traduzidas por *Aqui estou*, *Aqui está você*, *Aqui estamos nós*. No entanto, para a compreensão do sentido dado à exposição citada por Jacques Rancière, é importante destacar que a palavra *voici* é construída a partir do imperativo do verbo *voir* (ver), *vois* (veja), com o advérbio *ici* (aqui). (N. da T.)

[20] Francisco Ribalta (1565-1628), pintor espanhol do período barroco. (N. da T.)

pectivas de emancipação política às quais a arte moderna pôde se ligar. Ela é uma comunidade ética que revoga qualquer projeto de emancipação coletiva.

Se essa posição possui um privilégio nos filósofos, outra se afirma de bom grado atualmente nos artistas e nos profissionais das instituições artísticas: conservadores de museus, diretores de galerias, curadores ou críticos. No lugar de opor radicalidade artística e utopia estética, ela se esforça por mantê-las igualmente à distância. Substitui-lhes pela afirmação de uma arte que se tornou modesta, não apenas quanto à sua capacidade de transformar o mundo, como também quanto à afirmação da singularidade de seus objetos. Essa arte não é a instauração de um mundo comum por meio da singularidade absoluta da forma, mas a redisposição dos objetos e das imagens que formam o mundo comum já dado ou a criação de situações próprias a modificar nossos olhares e nossas atitudes em relação a esse entorno coletivo. Essas microssituações, dificilmente destacadas daquelas de nossa vida cotidiana e apresentadas em um modo mais irônico e lúdico do que crítico e denunciador, visam criar ou recriar laços entre os indivíduos, suscitar modos de confrontação e de participação novos. Tal é, por exemplo, o princípio da arte dita relacional: à heterogeneidade radical do choque do *aistheton* que Lyotard vê na tela de Barnett Newman, opõe-se exemplarmente a prática de um Pierre Huyghe que inscreve em um painel publicitário, em vez da publicidade esperada, a fotografia aumentada do lugar e de seus usuários.

Não quero aqui ter que tomar uma decisão entre essas duas atitudes. Em vez disso, prefiro examinar o que elas atestam e o que as torna possíveis. Elas são, na realidade, dois estilhaços de uma aliança desfeita entre a radicalidade artística e a radicalidade política, uma aliança cujo nome próprio é o termo, hoje suspeito, de "estética". Portanto, em vez de desempatar em favor de uma dessas duas posições, procurarei reconstituir a lógica da relação "estética" entre arte e política da qual elas derivam. Apoiar-me-ei, para tanto, naquilo que possuem em comum essas duas encenações aparentemente antitéticas de uma arte "pós-utópica". À utopia denunciada, a segunda opõe as formas modestas de uma micropolítica, às vezes bem próxima das políticas de "proximidade" advogada por nossos governos. A primeira, ao contrário, faz uma oposição entre a utopia e uma potência da arte ligada à sua distância em relação à experiência ordinária. Ambas, entretanto, reafirmam uma mesma função "comunitária" da arte em construir um espaço específico, uma forma inédita de partilha do mundo comum. A estética do sublime coloca a arte sob o signo da dívida imemorial em relação a um Outro absoluto. Mas ela confere-lhe uma missão histórica, confiada a um sujeito chamado "vanguarda": constituir um tecido de inscrições sensíveis absolutamente afastado do mundo da equivalência mercantil dos produtos. A estética relacional rejeita as pretensões à autossuficiência da arte assim como os sonhos de transformação da vida pela arte, mas ela reafirma, entretanto, uma ideia essencial: a arte consiste em construir espaços e relações para reconfigurar material e simbolicamente o território do comum. As práticas da arte *in situ*, o deslocamento do filme nas formas espacializadas da instalação museal, as formas contemporâneas de espacialização da música ou as práticas atuais do teatro e da dança vão no mesmo sentido: a desespecificação dos instrumentos, materiais ou dispositivos próprios às diferentes artes, da convergência para uma mesma ideia e prática da arte como maneira de ocupar um lugar onde se redistribuem as relações entre os corpos, as imagens, os espaços e os tempos.

A própria expressão "arte contemporânea" é prova disso. O que se ataca ou defende sob esse nome não é de modo algum uma tendência comum que caracterizaria as diferentes artes hoje. Em todos os argumentos trocados a seu respeito, quase nunca figura a menor referência à música, à literatura, ao cinema, à dança ou à fotografia. Esses argumentos referem-se quase totalmente a um objeto que poderia ser definido assim: o que vem para ocupar o lugar da pintura, ou seja, estes conjuntos de objetos, de fotografias, de dispositivos de vídeo, de computadores e, eventualmente, de performances que ocupam os espaços onde se via, outrora, retratos pendurados nas paredes. Estaríamos enganados, entretanto, ao acusar a "parcialidade" dessas argumentações. De fato, "a arte" não é o conceito comum que unifica as diferentes artes, mas o dispositivo que as torna visíveis. E "pintura" não é apenas o nome de uma arte, mas o nome de um dispositivo de exposição, de uma forma da visibilidade da arte. "Arte contemporânea" é o nome que designa propriamente o dispositivo que vem ocupar o mesmo lugar e preencher a mesma função.

O que o singular da "arte" designa é o recorte de um espaço de apresentação pelo qual as coisas da arte são identificadas como tais. E o que liga a prática da arte à questão do comum é a constituição, ao mesmo tempo material e simbólica, de um certo espaço-tempo, de uma suspensão em relação às formas cotidianas da experiência sensível. A arte não é política, de início, pelas mensagens e pelos sentimentos que ela transmite sobre a ordem do mundo. Ela também não é política em função da maneira pela qual ela representa as estruturas da sociedade, os conflitos ou as identidades dos grupos sociais. Ela é política pela própria distância que toma em relação a essas funções, pelo tipo de tempo e de espaço que institui, pela maneira como recorta esse tempo e povoa esse espaço. As figuras às quais eu fiz referência são realmente duas transformações dessa função política. Na estética do sublime, o espaço-tempo de um encontro passivo com o heterogêneo coloca em conflito dois regimes de sensibilidade. Na arte "relacional", a construção de uma situação indecisa e efêmera chama a um deslocamento da percepção, uma passagem do estatuto do espectador para o de ator, uma reconfiguração dos lugares. Nos dois casos, o próprio da arte consiste em operar um recorte do espaço material e simbólico. E é por isso que a arte toca a política.

A política, na realidade, não é o exercício do poder e a luta pelo poder, mas a configuração de um espaço específico, o recorte de uma esfera particular da experiência, de objetos colocados como comuns e que dependem de uma decisão comum, de sujeitos reconhecidos como capazes de designar esses objetos e de argumentar sobre eles. Tentei, aliás, mostrar como a política era o próprio conflito sobre a existência desse espaço, sobre a designação de objetos como referentes ao comum e a sujeitos que têm a capacidade de uma palavra em comum.[21] O humano, diz Aristóteles,

---

[21] Jacques Rancière, *La Mésentente*, Paris, Galilée, 1995, e *Aux bords du politique*, Paris, Gallimard, coll. Folio, 2004 [eds. bras. e port.: *O desentendimento*, tradução de Ângela Leite Lopes, São Paulo, Editora 34, 1996, e

é político porque possui a palavra que coloca em comum o justo e o injusto, enquanto o animal tem apenas a voz que assinala o prazer e a dor. Mas toda questão consiste então em saber quem possui a palavra e quem possui apenas a voz. Desde sempre, a recusa em considerar certas categorias de pessoas como seres políticos passou pela recusa de escutar os sons emitidos por sua boca como sendo um discurso. Ou passou ainda pela constatação de sua incapacidade material em ocupar o espaço-tempo das coisas políticas. Os artesãos, diz Platão, não têm tempo de estar em outro lugar que não o seu trabalho. Esse "outro lugar" onde eles *não podem* estar é, naturalmente, a assembleia do povo. A "falta de tempo" é, de fato, o interdito naturalizado, inscrito nas próprias formas da experiência sensível.

A política advém quando aqueles que "não têm" o tempo tomam esse tempo necessário para se colocar como habitantes de um espaço comum e para demonstrar que sua boca emite realmente uma palavra que enuncia o comum e não apenas uma voz que assinala a dor. Essa distribuição e essa redistribuição dos lugares e das identidades, esses cortes e recortes dos espaços e dos tempos, do visível e do ruído e da palavra constituem o que eu chamo de partilha do sensível.[22] A política consiste em reconfigurar a partilha do sensível que define o comum de uma comunidade, em tornar visível o que não era e em fazer escutar como falantes aqueles que não eram percebidos senão como animais ruidosos. Esse trabalho de criação de dissenso constitui uma estética da política que não tem nada que ver com as formas de encenação do poder e de mobilização das massas designadas por Benjamin como "estetização da política".

A relação entre estética e política é, então, mais precisamente, a relação entre essa estética da política e a "política da estéti-

---

Nas margens do político, tradução de João Pedro Cachopo, Lisboa, KKYM, 2014].

[22] Jacques Rancière, *Le Partage du sensible: esthétique et politique*, Paris, La Fabrique, 2000 [ed. bras.: *A partilha do sensível*, 2ª ed., tradução de Mônica Costa Netto, São Paulo, Editora 34, 2009].

ca", ou seja, a maneira pela qual as próprias práticas e formas de visibilidade da arte intervêm na partilha do sensível e na sua reconfiguração, recortando espaços e tempos, sujeitos e objetos, o comum e o singular. Utopia ou não, a tarefa que a filosofia confere à tela "sublime" da pintura abstrata, pendurada solitariamente em uma parede branca, ou aquela que o curador dá à instalação ou à intervenção do artista relacional inscrevem-se na mesma lógica de uma "política" da arte que consiste em suspender as coordenadas normais da experiência sensorial. Uma valoriza a solidão de uma forma sensível heterogênea; a outra, o gesto que desenha um espaço comum. Mas essas duas maneiras de colocar em relação a constituição de uma forma material e aquela de um espaço simbólico são talvez os dois estilhaços de uma mesma configuração originária que liga o próprio da arte a uma certa maneira de ser da comunidade.

Isso significa que arte e política não são duas realidades permanentes e separadas às quais se poderia perguntar se *devem* ser colocadas em relação, mas duas formas de partilha do sensível penduradas, tanto uma quanto a outra, em um regime específico de identificação. Nem sempre há política, embora haja sempre formas de poder. Do mesmo modo, não há sempre arte, mesmo que haja sempre poesia, pintura, escultura, música, teatro ou dança. A *República* de Platão mostra bem esse caráter condicional da arte e da política. Vê-se frequentemente na célebre exclusão dos poetas a marca de uma prescrição política da arte. Mas a própria política é excluída pelo gesto platônico. A mesma partilha do sensível subtrai dos artesãos a cena política na qual eles fariam *outra coisa* além do seu trabalho e dos poetas e atores a cena artística na qual eles poderiam encarnar *outra* personalidade que não a sua. Teatro e assembleia são duas formas solidárias de uma mesma partilha do sensível, dois espaços de heterogeneidade que Platão deve repudiar, ao mesmo tempo, para constituir sua República como a vida orgânica da comunidade.

Arte e política estão, assim, ligadas por debaixo de si mesmas como formas de presença de corpos singulares em um espaço e um tempo específicos. Platão exclui ao mesmo tempo a democracia e o teatro para fazer uma comunidade ética, uma comunidade sem política. Talvez os debates atuais sobre o que deve ocupar o espaço dos museus revelem uma outra forma de solidariedade entre a democracia moderna e a existência de um espaço específico: não mais a reunião das massas em torno da ação teatral, mas o espaço silencioso do museu onde a solidão e a passividade dos passantes encontram a solidão e a passividade das obras de arte. A situação da arte, hoje, poderia mesmo constituir uma forma específica de uma relação muito mais geral entre a autonomia de lugares reservados à arte e seu aparente contrário: a implicação da arte na constituição das formas da vida comum.

Para compreender esse aparente paradoxo que liga a politicidade da arte à sua própria autonomia, é útil dar um pequeno passo atrás e examinar uma das primeiras formulações da política inerente ao regime estético da arte. No final da décima quinta das suas *Cartas sobre a educação estética do homem*, publicadas em 1795, Schiller constrói um roteiro de exposição que alegoriza um estatuto da arte e de sua política. Ele nos coloca imaginariamente diante de uma estátua grega conhecida como a *Juno Ludovisi*. A estátua é, ele diz, uma "livre aparência", fechada sobre si mesma. Para um ouvido moderno a expressão evoca o *self-containement*, celebrado por Clement Greenberg. Mas esse "fechamento sobre si" revela-se um pouco mais complicado do que gostaria o paradigma modernista da autonomia material da obra. Não se trata aqui de afirmar o poder ilimitado da criação do artista, tampouco de demonstrar os poderes específicos de um *médium*. Ou melhor dizendo, o *médium* em jogo não é a matéria sobre a qual o artista trabalha, mas um meio sensível, um *sensorium* particular, estranho às formas ordinárias da experiência sensível. Mas esse *sensorium* não se identifica nem com a presença eucarística do *voici* nem com o estilhaço sublime do *Outro*. O que a "livre aparência" da estátua grega manifesta é a característica essencial da divindade, sua "ociosidade" ou "indiferença". O próprio da divindade consiste em não querer nada, em estar liberada da preocupação de propor-se fins e ter que realizá-los. E a estátua extrai sua especificidade artística de sua participação nessa ociosidade, nessa ausência de vontade. Diante da deusa ociosa, o próprio espectador fica em um estado que Schiller define como sendo o do "livre jogo".

Se a "livre aparência" evocava inicialmente a autonomia cara ao modernismo, esse "livre jogo" adula à primeira vista os ouvidos pós-modernos. Sabe-se qual lugar o conceito de jogo ocupa nas proposições e legitimações da arte contemporânea. O jogo figura ali como a distância tomada em relação à crença modernista na radicalidade da arte e nos seus poderes de transformação do mundo. O lúdico e o humorístico estão praticamente por toda parte em um lugar de honra para caracterizar uma arte que teria absorvido os contrários: a gratuidade do divertimento e a distância crítica, o *entertainment* popular e a deriva situacionista. Ora, a encenação schilleriana não poderia nos colocar mais longe dessa visão desencantada do jogo. O jogo é, diz-nos Schiller, a própria humanidade do homem: "O homem só é um ser humano quando joga".[23] E ele prossegue assegurando-nos que esse aparente paradoxo é capaz de sustentar "o edifício inteiro da bela arte e da arte ainda mais difícil de viver". Como compreender que a atividade "gratuita" do jogo possa fundar ao mesmo tempo a autonomia de um domínio próprio da arte e a construção das formas de uma nova vida coletiva?

Comecemos pelo começo. Fundar o edifício da arte, isso significa definir certo regime de identificação da arte, ou seja, uma relação específica entre as práticas, formas de visibilidade e modos de inteligibilidade que permitem identificar seus produtos como pertencentes à arte ou a uma arte. A mesma estátua da mesma deusa pode ser ou não ser arte, ou ser diferentemente de acordo com o regime de identificação no qual ela é apreendida. Há, de início, um regime no qual ela é exclusivamente apreendida como uma *imagem* da divindade. Sua percepção e o julgamento sobre ela estão subsumidos a questões como essas: pode-se fazer imagens da divindade? A divindade tornada imagem é uma verdadeira divindade? E caso sim, ela é feita imagem corretamente? Nesse regime,

---

[23] Friedrich Schiller, *Lettres sur l'éducation esthétique de l'homme*, tradução francesa de P. Leroux, Paris, Aubier, 1943, p. 205 [ed. bras.: *A educação estética do homem numa série de cartas*, tradução de Roberto Schwartz e Márcio Suzuki, São Paulo, Iluminuras, 1990].

não há arte propriamente dita, mas imagens que julgamos em função de sua verdade intrínseca e de seus efeitos sobre o modo de ser dos indivíduos e da coletividade. Por isso, propus chamar esse regime de indistinção da arte um regime ético das imagens.

Há, em seguida, um regime que libera a deusa de pedra do julgamento sobre a validade da divindade que é figurada e sobre a fidelidade em relação a ela. Esse regime inclui as estátuas de deusas ou as histórias de príncipes numa categoria específica: as imitações. A *Juno Ludovisi* é ali o produto de uma arte, a escultura, que merece esse nome duplamente: porque ela impõe uma forma a uma matéria, e porque ela é a realização de uma representação — a constituição de uma aparência verossímil que conjuga traços imaginários da divindade com os arquétipos da feminilidade, a monumentalidade da estátua com a expressividade de uma deusa particular, provida de traços de caráter específicos. A estátua é uma "representação". Ela é vista através de toda uma trama de conveniências expressivas que determina o modo pelo qual uma habilidade de escultor que dá forma à matéria bruta pode coincidir com uma capacidade de artista de dar às figuras que convêm as formas de expressão que convêm. Chamo esse regime de identificação de regime representativo das artes.

A *Juno Ludovisi* de Schiller, mas também o *Vir Heroicus Sublimis*[24] de Barnett Newman ou as instalações e performances da arte relacional pertencem a outro regime que eu chamo de regime estético da arte. Nesse regime, a estátua de Juno não obtém sua propriedade de obra de arte da conformidade da obra do escultor a uma ideia adequada da divindade ou dos cânones da representação. Ela obtém essa propriedade do seu pertencimento a um *sensorium* específico. A propriedade de ser uma coisa da arte refere-se ali não a uma distinção entre os modos do fazer, mas a uma distinção entre os modos de ser. É isto que quer dizer "estética": a propriedade de ser da arte no regime estético da arte não é mais

---

[24] O título em latim da pintura de Barnett Newman, de 1950-1951, pode ser traduzido como *Homem, heroico e sublime*. (N. da T.)

dada por critérios de perfeição técnica, mas por ser atribuída a uma certa forma de apreensão sensível. A estátua é uma "livre aparência". Ela opõe-se, assim, duplamente a seu estatuto representativo: ela não é uma aparência referida a uma realidade que lhe serviria de modelo, tampouco uma forma ativa imposta a uma matéria passiva. Ela é uma forma sensível heterogênea em relação às formas cotidianas da experiência sensível marcadas por essas dualidades. Ela acontece em uma experiência específica que suspende as conexões cotidianas não apenas entre aparência e realidade, como também entre forma e matéria, atividade e passividade, entendimento e sensibilidade.

Essa nova forma de partilha do sensível é precisamente o que Schiller resume com o termo "jogo". Reconduzido à sua definição mínima, o jogo é a atividade que não tem outro fim senão ela mesma, que não se propõe a nenhuma tomada de poder efetiva sobre as coisas e sobre as pessoas. Essa acepção tradicional do jogo foi sistematizada pela análise kantiana da experiência estética que se caracteriza, na realidade, por uma dupla suspensão: uma suspensão do poder cognitivo do entendimento que determina os dados sensíveis de acordo com suas categorias; e uma suspensão correlativa do poder da sensibilidade que impõe objetos do desejo. O "livre jogo" das faculdades — intelectual e sensível — não é apenas uma atividade sem fim, mas uma atividade igual à inatividade. Desde o princípio, a "suspensão" que o jogador opera em relação à experiência ordinária é correlata à outra suspensão, a suspensão de seus próprios poderes em face da aparição da obra "ociosa", da obra que, como a deusa, deve sua perfeição inédita ao fato de que a vontade retirou-se de sua aparência. Em suma, o "jogador" está ali sem nada o que fazer diante dessa deusa que não faz nada, e a própria obra do escultor encontra-se absorvida nesse círculo de uma atividade inativa.

Por que essa suspensão ao mesmo tempo funda uma nova arte de viver, uma nova forma da vida em comum? Em outras palavras: em quê certa "política" é consubstancial à própria definição da especificidade da arte nesse regime? A resposta na sua forma mais geral enuncia-se assim: porque ela define as coisas da arte por seu pertencimento a um *sensorium* diferente daquele da dominação. Na análise kantiana, o livre jogo e a livre aparência suspendem o poder da forma sobre a matéria, da inteligência sobre a sensibilidade. Essas proposições filosóficas kantianas são traduzidas por Schiller, no contexto da Revolução francesa, como proposições antropológicas e políticas. O poder da "forma" sobre a "matéria" é o poder do Estado sobre as massas, é o poder da classe da inteligência sobre a classe da sensação, dos homens da cultura sobre os homens da natureza. Se o "jogo" e a "aparência" estéticos fundam uma comunidade nova, isso ocorre porque eles são a refutação sensível dessa oposição entre forma inteligente e matéria sensível que é propriamente a diferença entre duas humanidades.

Aqui é que ganha sentido a equação que faz do homem jogador o homem verdadeiramente humano. A liberdade do jogo opõe-se à servidão do trabalho. Simetricamente, a livre aparência opõe-se à coerção que relaciona a aparência a uma realidade. Essas categorias — aparência, jogo, trabalho — são propriamente categorias da partilha do sensível. Elas inscrevem, na realidade, no próprio tecido da experiência sensível cotidiana, as formas da dominação ou da igualdade. Na República platônica, não havia mais "livre aparência" em poder do *mimetista* do que livre jogo possível para o artesão. Nenhuma aparência sem realidade que sirva para julgá-la, nenhuma gratuidade do jogo compatível com a seriedade do trabalho. Essas duas prescrições estavam estritamente ligadas uma com a outra e definiam conjuntamente uma partilha do sensível que exclui ao mesmo tempo a política e a arte em proveito da única direção ética da comunidade. De modo mais geral, a legitimidade da dominação sempre repousou sobre a evidência de uma divisão sensível entre humanidades diferentes. Eu lembrava acima a afirmação de Voltaire: as pessoas comuns não têm os mesmos sentidos que as pessoas refinadas. O poder das elites era então o poder dos sentidos educados sobre os sentidos brutos, da atividade sobre a passividade, da inteligência sobre a sensação. As próprias formas da experiência sensível estavam encarregadas de identificar a diferença das funções e dos lugares com uma diferença das naturezas.

O que a livre aparência e o livre jogo estéticos recusam é essa partilha do sensível que identifica a ordem da dominação à diferença de duas humanidades. Ambas as noções manifestam uma liberdade e uma igualdade do sentir que, em 1795, podem ser opostas àquelas que a Revolução francesa tinha querido encarnar no reino da Lei. O reino da Lei, na verdade, é ainda o reino da forma livre sobre a matéria escrava, do Estado sobre as massas. Para Schiller, a Revolução desembocou no terror porque ela obedecia sempre ao modelo da faculdade intelectual ativa que constrange a materialidade sensível passiva. A suspensão estética da supremacia da forma sobre a matéria e da atividade sobre a passividade dá-se, então, como o princípio de uma revolução mais profunda, uma revolução da própria existência sensível e não mais apenas das formas do Estado.

É portanto como forma de experiência autônoma que a arte toca a partilha política do sensível. O regime estético da arte institui a relação entre as formas de identificação da arte e as formas da comunidade política de um modo que recusa por antecipação qualquer oposição entre uma arte autônoma e uma arte heterônoma, uma arte pela arte e uma arte a serviço da política, uma arte do museu e uma arte da rua. Pois a autonomia estética não é esta autonomia do "fazer" artístico que o modernismo celebrou, mas a autonomia de uma forma da experiência sensível. E é essa experiência que aparece como o germe de uma nova humanidade, de uma nova forma individual e coletiva de vida.

Não há, portanto, conflito entre a pureza da arte e sua politização. Os dois séculos que nos separam de Schiller testemunharam o contrário: foi graças à sua pureza que a materialidade da arte pôde se propor como a materialidade antecipada de outra configuração da comunidade. Se os criadores das formas puras da pintura dita abstrata puderam transformar-se em artesãos da vida nova soviética não foi por causa de uma submissão circunstancial a uma utopia externa. Ocorre que a pureza não figurativa do quadro — sua planaridade conquistada por sobre a ilusão tridimensional — não significava o que se quis que ela significasse: a concentração da arte pictural sobre seu único material. Ela marcava, ao contrário, o pertencimento do gesto pictural novo a uma superfície/interface em que a arte pura e a arte aplicada fundiam-se, em que a geometria do ornamento fazia-se símbolo da necessidade interior e em que a pureza da linha tornava-se o instrumento de constituição de um cenário novo da vida, suscetível de transformar-se em cenário da vida nova. Mesmo o poeta puro por excelência, Mallarmé, confiava à poesia a tarefa de organizar outra topografia das relações comuns que preparam as "festas do futuro".

Não há conflito entre pureza e politização. Mas é preciso entender bem o que "politização" significa. O que a experiência e a educação estéticas prometem não é um auxílio das formas da arte para a causa da emancipação política, mas uma política que lhes seja própria, uma política que oponha suas próprias formas àquelas que constroem as invenções dissensuais dos sujeitos políticos. Essa "política" deve ser preferencialmente chamada de metapolítica. A metapolítica é, em geral, o pensamento que pretende abolir o dissenso político, mudando a cena, passando das aparências da democracia e das formas do Estado à infracena dos movimentos subterrâneos e das energias concretas que as fundam. Durante mais de um século, o marxismo representou a forma acabada da metapolítica, reenviando as aparências da política à verdade das forças produtivas e das relações de produção, e prometendo, no lugar das revoluções políticas que mudam apenas a forma dos Estados, uma revolução do próprio modo de produção da vida material. Mas a revolução dos produtores não é pensável senão sob a base de uma revolução já advinda na própria ideia de revolução, na ideia de uma revolução das formas, da existência sensível oposta à revolução das formas do Estado. Ela é uma forma particular da metapolítica estética.

Não há conflito entre a pureza da arte e essa política. Mas há conflito no próprio cerne da pureza, na concepção dessa materialidade da arte que prefigura outra configuração do comum. Mallarmé é igualmente testemunha disso: por um lado, o poema tem para ele a consistência de um bloco sensível heterogêneo. Ele é um volume fechado sobre si mesmo que refuta materialmente o espaço "semelhante a si mesmo" e o "escorrer de tinta uniforme" do jornal; por outro, ele tem a inconsistência de um gesto que se dissipa no próprio ato que institui um espaço comum à maneira dos fogos de artifício da Festa Nacional da França. Ele é um cerimonial de comunidade, comparável ao teatro antigo ou à missa cristã. Por um lado, então, a vida coletiva por vir está fechada no volume resistente da obra de arte; por outro, ela é atualizada no movimento evanescente que desenha outro espaço comum.

Se não há contradição entre a arte pela arte e a arte política, isso se deve talvez ao fato de que a contradição está alojada mais profundamente no próprio coração da experiência e da "educação" estéticas. Sobre esse ponto ainda, o texto schilleriano esclarece a lógica de todo um regime de identificação da arte e de sua política, aquela que traduz, hoje ainda, a oposição de uma arte sublime das formas e de uma arte modesta dos comportamentos e das relações. O roteiro schilleriano deixa-nos ver como os dois opostos estão contidos no mesmo núcleo inicial. Por um lado, efetivamente, a livre aparência é a potência de um sensível heterogêneo. A estátua, como a divindade, mantém-se diante do sujeito, ociosa, ou seja, estranha a qualquer querer, a qualquer combinação de meios e de fins. Ela está fechada sobre si mesma, ou seja, inacessível para o pensamento, os desejos ou os fins do sujeito que a contempla. E é apenas por causa dessa estranheza, por causa dessa indisponibilidade radical que ela carrega a marca de uma humanidade plena do humano e a promessa de uma humanidade por vir, enfim em acordo com a plenitude de sua essência. O sujeito da experiência estética experimenta a promessa da posse de um mundo novo por meio de uma estátua que, por sua vez, ele não pode de forma alguma possuir. E a educação estética que substituirá a revolução política é uma educação pela estranheza da livre aparência, pela experiência de não-posse e de passividade que ela impõe.

Mas, por outro lado, a autonomia da estátua é aquela do modo de vida que se exprime ali. A atitude da estátua ociosa, sua autonomia, é, na realidade, o resultado da expressão do comportamento da comunidade de onde ela provém. Ela é livre porque é a expressão de uma comunidade livre. Só que essa liberdade vê seu sentido inverter-se: uma comunidade livre, autônoma, é uma comunidade cuja experiência vivida não se cinde em esferas separadas, que não conhece separação entre a vida cotidiana, a arte, a política ou a religião. Nessa lógica, a estátua grega é, para nós, arte porque não era arte para seu autor, porque, esculpindo-a, ele não fazia uma "obra de arte", mas traduzia na pedra a crença comum de uma comunidade, idêntica à sua própria maneira de ser. O que a suspensão presente da livre aparência promete, então, é uma comunidade que será livre na medida em que não conhecerá mais essas separações, em que não conhecerá mais a arte como uma esfera separada da vida.

Assim, a estátua carrega uma promessa política porque ela é a expressão de uma partilha do sensível específica. Mas essa partilha estende-se de duas maneiras opostas conforme o modo como essa experiência é interpretada: por um lado, a estátua é promessa de comunidade porque ela é arte, objeto de uma experiência específica, instituindo, assim, um espaço comum específico, separado. Por outro, ela é promessa de comunidade porque ela não é arte, porque exprime apenas uma maneira de habitar o espaço comum, um modo de vida que não conhece nenhuma separação em esferas de experiência específicas. A educação estética é, então, o processo que transforma a solidão da livre aparência em realidade vivida e transforma a "ociosidade" estética no agir da comunidade viva. A própria estrutura das *Cartas sobre a educação estética do homem* de Schiller marca esse deslizamento de uma racionalidade para outra. Se a primeira e a segunda partes insistiam sobre a autonomia da aparência e a necessidade de proteger a "passividade" material dos empreendimentos do entendimento dominador, a terceira nos descreve, inversamente, um processo de civilização em que o gozo estético consiste na dominação da vontade humana sobre uma matéria que ela contempla como o reflexo de sua própria atividade.

A política da arte no regime estético da arte, ou melhor dizendo, sua metapolítica, é determinada por esse paradoxo fundador: nesse regime, a arte é arte contanto que seja também não-arte, outra coisa que não a arte. Não temos, portanto, necessidade de imaginar algum fim patético da modernidade ou explosão gozosa da pós-modernidade que ponha um fim à grande aventura modernista da autonomia da arte e da emancipação pela arte. Não há ruptura pós-moderna, mas uma contradição originária e que atua incessantemente. A solidão da obra carrega uma promessa de emancipação. Mas a consecução da promessa é a supressão da arte como realidade separada, sua transformação em uma forma de vida.

A "educação" estética separa-se, então, a partir do mesmo núcleo fundamental, nessas duas figuras, das quais são testemunhas ainda a nudez sublime da obra abstrata celebrada pela filosofia e a proposição de relações novas e interativas feita pelo artista ou pelo curador de nossas exposições contemporâneas. Por um lado, há o projeto da revolução estética na qual a arte se torna uma forma da vida, suprimindo sua diferença como arte. Por outro, há a figura resistente da obra na qual a promessa política encontra-se preservada negativamente: pela separação entre a forma artística e as outras formas de vida, mas também pela contradição interna a essa forma.

O roteiro da revolução estética propõe-se a transformar a suspensão estética das relações de dominação em princípio gerador de um mundo sem dominação. Essa proposição opõe uma revolução à outra revolução: à revolução política concebida como revolução estatal que reconduz, de fato, à separação das humanidades, ela opõe a revolução como formação de uma comunidade do sentir. Trata-se da fórmula matricial que resume o *Mais antigo programa sistemático do idealismo alemão*, redigido em comum por Hegel, Schelling e Hölderlin. Esse programa opõe ao mecanismo morto do Estado a potência viva da comunidade alimentada pela encarnação sensível de sua ideia. Mas a mais simples oposição do morto e do vivo opera, de fato, uma dupla supressão. Por um lado, ela faz esvanecer o "estético" da política, a prática do caráter de dissenso da política. Ela propõe em seu lugar a formação de uma comunidade "consensual", ou seja, não uma comunidade em que todo mundo esteja de acordo, mas uma comunidade realizada como comunidade do sentir. Mas, para tanto, é preciso também transformar o "livre jogo" em seu contrário, na atividade de um espírito conquistador que suprime a autonomia da aparência estética, transformando toda aparência sensível em manifestação da sua própria autonomia. A tarefa da "educação estética" preconizada pelo *Mais antigo programa* consiste em tornar as ideias sensíveis, fazendo delas o substituto de uma antiga mitologia: um tecido vivo de experiências e de crenças comuns, partilhadas pela elite e pelo povo. O programa "estético" é, então, propriamente aquele de uma metapolítica que se propõe a efetuar verdadeiramente e na ordem sensível uma tarefa que a política não poderá nunca cumprir a não ser na ordem da aparência e da forma.

Sabemos bem: esse programa não apenas define uma ideia da revolução estética, mas também uma ideia da revolução *tout court*. Sem ter tido a ocasião de ler esse rascunho esquecido, Marx pôde, meio século mais tarde, transpô-lo exatamente no roteiro da revolução não mais política, mas humana, essa revolução que, também ela, deveria levar a filosofia a cabo, suprimindo-a, e dar ao homem a posse do que ele nunca teve senão a aparência. Simultaneamente, Marx propunha a nova identificação durável do homem estético: o homem produtor, que produz ao mesmo tempo os objetos e as relações sociais nas quais são produzidos. Foi sobre a base dessa identificação que a vanguarda marxista e a vanguarda artística puderam encontrar-se por volta dos anos 1920 e entrar em acordo a respeito do mesmo programa: a supressão conjunta da dissensualidade política e da heterogeneidade estética na construção das formas de vida e dos edifícios da vida nova.

No entanto, é muito simplista reconduzir essa figura da revolução estética à catástrofe "utópica" e "totalitária". O projeto da "arte tornada forma de vida" não se limita ao programa de "supressão" da arte, um tempo proclamado pelos engenheiros construtivistas e os artistas futuristas ou suprematistas da revolução soviética. Ele é consubstancial ao regime estético da arte. Ele já inspira, por meio do sonho de uma Idade Média artesanal e comunitária, os artistas do movimento *Arts and Crafts*. Ele prossegue nos artesãos/artistas do movimento das *Arts Décoratifs*, saudadas em seu tempo com o título de "arte social",[25] como nos engenheiros ou arquitetos do *Werkbund* ou da *Bauhaus*, antes de reflorescer nos projetos utópicos dos urbanistas situacionistas ou na "plástica social" de Joseph Beuys. Mas ele assombra também os artistas simbolistas aparentemente os mais afastados dos projetos revolucionários. O "puro" poeta Mallarmé e os engenheiros do *Werk-*

---

[25] J. Roger Marx, *L'Art social*, Paris, Eugène Fasquelle, 1913.

bund partilham à distância a ideia de uma arte capaz de produzir, suprimindo sua singularidade, as formas concretas de uma comunidade enfim liberada das aparências do formalismo democrático.[26] Não há ali nenhum canto das sereias totalitárias, mas apenas a manifestação de uma contradição própria a essa metapolítica que se enraíza no estatuto mesmo da "obra" estética, no nó original que ela implica entre a singularidade da aparência ociosa e o ato que transforma a aparência em realidade. A metapolítica estética pode realizar a promessa de verdade viva que ela encontra na suspensão estética apenas ao preço de anular essa suspensão, de transformar a forma em forma de vida. Essa pode ser a edificação soviética contraposta por Malevitch às obras dos museus em 1918. Pode ser a modelagem de um espaço integrado em que pintura e escultura não se manifestariam mais como objetos separados, mas seriam projetadas diretamente na vida, suprimindo assim a arte como "coisa distinta de nosso meio ambiente que é a verdadeira realidade plástica".[27] Pode ser também o jogo e a deriva urbana, contrapostos por Guy Debord à totalidade da vida — capitalista ou soviética — alienada sob a forma do espetáculo-rei. Em todos esses casos, a política da forma livre demanda-lhe que se realize ou seja, que se suprima em ato, que suprima essa heterogeneidade sensível que fundava a promessa estética.

Essa supressão da forma no ato é o que recusa a outra grande figura da "política" própria ao regime estético da arte: a política da forma como resistência. A forma afirma nisso sua politicidade, afastando-se de toda forma de intervenção sobre e no mundo prosaico. A arte não tem que se tornar uma forma de vida. É nela, ao contrário, que a vida tomou forma. A deusa schilleriana

---

[26] Sobre essa convergência ver meu texto "La Surface du design", in Jacques Rancière, *Le Destin des images*, Paris, La Fabrique, 2003 [ed. bras.: *O destino das imagens*, tradução de Mônica Costa Netto, Rio de Janeiro, Contraponto, 2012].

[27] Piet Mondrian, "L'Art plastique et l'art plastique pur", in Charles Harrison e Paul Wood (orgs.), *Art en theorie 1900-1990*, Paris, Hazan, 1997, p. 420.

carrega a promessa porque ela é ociosa. "A função social da arte é não ter função social", dirá em eco Adorno. A promessa igualitária está fechada na autossuficiência da obra, na sua indiferença a qualquer projeto político particular e na sua recusa a qualquer participação na decoração do mundo prosaico. Foi em razão dessa indiferença que, em meados do século XIX, a obra sobre nada, a obra "que repousa sobre si mesma" da estética de Flaubert, foi imediatamente percebida pelos defensores contemporâneos da ordem hierárquica como uma manifestação da "democracia". A obra que não quer nada, a obra sem ponto de vista, que não transmitia nenhuma mensagem e não se preocupa nem da democracia nem da antidemocracia é "igualitária" por essa própria indiferença que suspende toda preferência, toda hierarquia. Ela é subversiva, descobrirão as gerações seguintes, pelo próprio fato de separar radicalmente o *sensorium* da arte daquele da vida cotidiana estetizada. À arte que faz política, suprimindo-se como arte, opõe-se, então, uma arte que é política com a condição de preservar-se pura de qualquer intervenção política.

Essa politicidade ligada à própria indiferença da obra interiorizou toda uma tradição política vanguardista que se aplicou em fazer convergir vanguardismo político e vanguardismo artístico pela sua própria distância. Seu programa resume-se numa palavra de ordem: salvar o sensível heterogêneo que é o coração da autonomia da arte, *portanto*, de seu potencial de emancipação, salvá-lo de uma dupla ameaça: a transformação em ato metapolítico ou a assimilação às formas da vida estetizada. A estética de Adorno resumiu essa exigência. O potencial político da obra está ligado à sua separação radical com as formas da mercadoria estetizada ou do mundo administrado. Mas esse potencial não se baseia nem na simples solidão da obra, nem na radicalidade da sua autoafirmação artística. A pureza que essa solidão autoriza é a pureza da contradição interna, da dissonância por meio da qual a obra dá testemunho do mundo não reconciliado. A autonomia da obra schönberguiana, conceitualizada por Adorno, é de fato uma dupla heteronomia: para melhor denunciar a divisão capitalista do trabalho e os embelezamentos da mercadoria, ela deve ser ainda mais mecânica, mais "inumana" que os produtos do consumo capitalista de massa. Mas essa inumanidade, por seu turno, faz aparecer a tarefa do recalcado que vem perturbar o belo agenciamento técnico da obra autônoma, lembrando o que a funda: a separação capitalista do trabalho e do prazer.

Nessa lógica, a promessa de emancipação não pode ser mantida senão ao preço de recusar toda forma de reconciliação, de manter o afastamento entre a forma dissensual da obra e as formas da experiência ordinária. Essa visão da politicidade tem uma consequência pesada. Ela obriga a colocar a diferença estética, guardiã da promessa, na própria textura sensorial da obra, reconstituindo de alguma forma a oposição voltairiana entre duas formas de sensibilidade. Os acordes de sétima diminuta que encantaram os *salons* do século XIX não *podem* mais ser escutados, diz Adorno, "a menos que tudo seja fraude".[28] Se nossas orelhas podem ainda escutá-los prazerosamente, a promessa estética, a promessa de emancipação, prova ser uma mentira.

É preciso, entretanto, realmente, um dia, entregar-se à evidência de que podemos ainda escutá-los. E, da mesma forma, que *podemos* ver motivos figurativos misturados em uma tela a motivos abstratos, ou fazer arte tomando de empréstimo e expondo novamente artigos da vida cotidiana. Alguns gostariam de ver nisso a marca de uma ruptura radical cujo nome próprio seria pós-modernidade. Mas essas noções de modernidade e pós-modernidade projetam abusivamente na sucessão dos tempos os elementos antagônicos cuja tensão anima todo o regime estético da arte que sempre viveu da tensão dos contrários. A autonomia da experiência estética que funda a ideia da Arte como realidade autônoma é acompanhada pela supressão de todo critério pragmático que separa o domínio da arte daquele da não-arte, a solidão da obra e as formas da vida coletiva. Não há ruptura pós-moderna. Mas há uma dialética da obra "apoliticamente política". E há um limite no qual seu próprio projeto se anula.

---

[28] Theodor W. Adorno, *Philosophie de la nouvelle musique*, Paris, Gallimard, 1962, p. 45 [ed. bras.: *Filosofia da nova música*, 3ª ed., tradução de Magda França, São Paulo, Perspectiva, 2011].

Esse limite da obra autônoma/heterônoma, política por sua própria distância em relação a qualquer vontade política, é o que a estética lyotardiana do sublime atesta. A vanguarda artística está ainda carregada da tarefa de traçar a fronteira que separa sensivelmente as obras de arte e os produtos da cultura mercantil. Mas o próprio sentido desse traçado é invertido. O que o artista inscreve não é mais a contradição que carrega a promessa, a contradição entre o trabalho e o prazer, mas o choque do *aistheton*, que atesta uma alienação do espírito à potência de uma alteridade irremediável. A heterogeneidade sensível da obra não é mais garantia da promessa de emancipação. Ao contrário, ela vem invalidar toda promessa desse gênero, confirmando uma dependência irremediável do espírito em relação ao Outro que o habita. O enigma da obra que inscrevia a contradição de um mundo torna-se o puro testemunho da potência desse Outro.

A metapolítica da forma como resistência tende, então, a oscilar entre duas posições. Por um lado, ela assimila essa resistência à luta para preservar a diferença material da arte de tudo o que a compromete nos negócios do mundo: comércio das exposições de massa e dos produtos culturais que fazem dela um empreendimento industrial rentabilizável; pedagogia destinada a aproximar a arte dos grupos sociais que lhe eram estranhos; integração da arte em uma "cultura", ela própria polimerizada em culturas atadas a grupos sociais, étnicos ou sexuais. O combate da arte contra a cultura institui, então, uma linha de frente que coloca do mesmo lado a defesa do "mundo" contra a "sociedade", obras contra os produtos culturais, coisas contra as imagens, imagens contra os signos e signos contra os simulacros. Essa denúncia liga-se de bom grado às atitudes políticas que reclamam o restabelecimento do ensino republicano contra a dissolução democrática dos saberes, dos comportamentos e dos valores. E ela carrega um julgamento negativo global sobre a agitação contemporânea, ocupada em borrar as fronteiras da arte e da vida, dos signos e das coisas.

Mas, ao mesmo tempo, essa arte ciumentamente preservada tende a não ser mais do que o testemunho da potência do Outro e da catástrofe continuamente provocada por seu esquecimento. O explorador vanguardista torna-se a sentinela que vela as vítimas e mantém a memória da catástrofe. Assim, também a própria política da forma resistente chega então ao ponto em que ela se anula. Ela o faz, não mais na metapolítica da revolução do mundo sensível, mas na identificação do trabalho da arte com a tarefa ética do testemunho, na qual arte e política são, novamente, anuladas conjuntamente. Essa dissolução ética da heterogeneidade estética vai de par com toda uma corrente contemporânea do pensamento que dissolve a dissensualidade política em uma arquipolítica da exceção e reconduz toda forma de dominação ou de emancipação à globalidade de uma catástrofe ontológica da qual somente um Deus pode nos salvar.

Sob o roteiro linear da modernidade e da pós-modernidade, assim como sob a oposição escolar da arte pela arte e da arte engajada, precisamos então reconhecer a tensão originária e persistente de duas grandes políticas da estética: a política do tornar-se vida da arte e a política da forma resistente. A primeira identifica as formas da experiência estética com as formas de uma vida outra. Ela dá como finalidade à arte a construção de novas formas da vida comum, portanto, sua autossupressão como realidade separada. A outra encerra, ao contrário, a promessa política da experiência estética na própria separação da arte, na resistência de sua forma a toda transformação em forma de vida.

Essa tensão não vem de comprometimentos infelizes da arte com a política. Essas duas "políticas" estão, de fato, implicadas nas próprias formas segundo as quais identificamos a arte como objeto de uma experiência específica. Não há espaço, portanto, para concluir disso uma captação fatal da arte pela "estética". Uma vez mais, não há arte sem uma forma específica de visibilidade e de discursividade que a identifique como tal. Não há arte sem certa partilha do sensível que a ligue a certa forma de política. A estética é uma tal partilha. A tensão entre as duas políticas ameaça o regime estético da arte. Mas também é ela que o faz funcionar. Isolar essas lógicas opostas e o ponto extremo em que uma e outra se suprimem não nos conduz, portanto, de forma alguma a declarar o fim da estética, como outros declaram o fim da política, da história ou das utopias. Mas isso pode nos ajudar a compreender as coações paradoxais que pesam sobre o projeto aparentemente tão simples de uma arte "crítica", que insere na forma da obra a explicação da dominação ou a confrontação do que o mundo é com o que ele poderia ser.[29]

---

[29] Este capítulo e o seguinte devem sua elaboração a um seminário sobre "Estética e Política", ocorrido em maio de 2002 no Museu de Arte Contemporânea de Barcelona. Eles também devem muito ao seminário sobre o mesmo tema ocorrido em junho de 2001, na Cornell University, no âmbito da School for Criticism and Theory.

PROBLEMAS E TRANSFORMAÇÕES DA ARTE CRÍTICA

A arte crítica, na sua fórmula mais geral, propõe-se a conscientizar sobre os mecanismos da dominação para transformar o espectador em ator consciente da transformação do mundo. Conhece-se o dilema que pesa sobre esse projeto. Por um lado, a compreensão é capaz, por si mesma, de poucas coisas para a transformação das consciências e das situações. Os explorados raramente tiveram necessidade de que lhes fossem explicadas as leis da exploração. Pois não é a incompreensão do estado de coisas existente que alimenta a submissão nos dominados, mas a falta de confiança em sua própria capacidade de transformá-lo. Ora, o sentimento de uma tal capacidade supõe que eles já estejam engajados no processo político que muda a configuração dos dados sensíveis e constrói formas de um mundo por vir no interior do mundo existente. Por outro lado, a obra que "faz compreender" e dissolve as aparências mata com isso essa estranheza que testemunha o caráter não necessário ou intolerável de um mundo. A arte crítica que convida a ver os signos do Capital por trás dos objetos e dos comportamentos cotidianos corre o risco de inscrever-se ela própria na perenidade de um mundo em que a transformação das coisas em signos é redobrada pelo próprio excesso dos signos interpretativos que faz desvanecer toda a resistência das coisas.

Vê-se geralmente nesse círculo vicioso da arte crítica a prova de que a estética e a política não podem caminhar juntas. Seria mais justo reconhecer nisso a pluralidade das maneiras pelas quais elas se ligam. Por um lado, a política não é a simples esfera da ação que viria após a revelação "estética" do estado das coisas. Ela tem a sua própria estética: seus modos de invenção dissensuais de cenas e de personagens, de manifestações e de enunciações que se diferenciam das invenções da arte e mesmo às vezes são-lhes opostas. Por outro lado, a estética tem sua política, ou melhor dizendo, sua tensão entre duas políticas opostas: entre a lógica da arte que se torna vida ao preço de se suprimir como arte e a lógica da arte que faz política com a condição expressa de não fazê-la de forma alguma. A dificuldade da arte crítica não é a de ter que negociar entre a política e a arte, mas de negociar a relação entre as duas lógicas estéticas que existem independentemente dela porque elas pertencem à própria lógica do regime estético. A arte crítica deve negociar entre a tensão que empurra a arte para a "vida" e aquela que, inversamente, separa a sensorialidade estética das outras formas de experiência sensível. Ela deve tomar de empréstimo às zonas de indistinção entre a arte e as outras esferas as conexões que provocam a inteligibilidade política. E deve tomar de empréstimo à solidão da obra o sentido de heterogeneidade sensível que nutre as energias políticas da recusa. Essa negociação entre as formas da arte e as da não-arte é o que permite constituir combinações de elementos capazes de falar duas vezes: a partir de sua legibilidade e a partir de sua ilegibilidade.

A combinação dessas duas potências toma então necessariamente a forma de um ajuste de lógicas heterogêneas. Se a colagem foi um dos grandes procedimentos da arte moderna, isso ocorreu porque suas formas técnicas obedeciam a uma lógica estético-política mais fundamental. A colagem, no sentido mais geral do termo, é o princípio de um "terceiro" político estético. Antes de misturar pinturas, jornais, telas enceradas ou mecanismos de relojoaria, ela mistura a estranheza da experiência estética com o devir--arte da vida cotidiana. A colagem pode realizar-se como puro encontro dos heterogêneos que atestam em bloco a incompatibilidade de dois mundos. Trata-se do encontro surrealista do guarda--chuva e da máquina de costura que manifesta — contra a realidade do mundo cotidiano, mas com seus objetos — o poder absoluto do desejo e do sonho. Ela pode se apresentar, inversamente, como a revelação do laço escondido entre dois mundos aparentemente estranhos: assim faz a fotomontagem de John Heartfield, revelando a realidade do ouro capitalista na garganta de Adolf Hitler, ou aquela de Martha Rosler, que mistura as fotografias do horror vietnamita com imagens publicitárias do conforto americano. Não se trata mais, nesse caso, da heterogeneidade entre dois mundos que deve nutrir o sentimento do intolerável, mas, ao contrário, a revelação da conexão causal que liga um ao outro.

Mas a política da colagem encontra seu ponto de equilíbrio onde quer que ela possa combinar as duas relações e jogar na linha de indiscernibilidade entre a força de legibilidade do sentido e a força de estranheza do não-sentido. Assim fazem, por exemplo, as histórias de couves-flores do *Arturo Ui* de Brecht. Elas jogam um duplo jogo exemplar entre a denúncia da lei da mercadoria e o uso das formas de zombaria da grande arte tomadas de empréstimo à prosaização mercantil da cultura. Elas jogam ao mesmo tempo na legibilidade da alegoria do poder nazista como poder do capital e na bufonaria que reconduz todo grande ideal, político ou outro, a insignificantes histórias de legumes. O segredo da mercadoria, lido por trás dos grandes discursos, iguala-se então à sua ausência de segredo, à sua trivialidade ou ao seu não-sentido radical. Mas essa possibilidade de jogar ao mesmo tempo com o sentido e o não-sentido supõe uma outra possibilidade: a de poder jogar ao mesmo tempo com a separação radical entre o mundo da arte e o das couves-flores *e* com a permeabilidade da fronteira que os separa. É preciso a um só tempo que as couves-flores não tenham relação com a arte ou a política e que já lhes estejam ligadas, que a fronteira esteja sempre presente e, entretanto, já tenha sido atravessada.

De fato, quando Brecht se propõe a colocá-los a serviço do distanciamento crítico, os legumes já tinham uma longa história artística. Pode-se pensar em seu papel nas naturezas-mortas do impressionismo. Pode-se pensar também na maneira pela qual um romancista, Émile Zola, elevou, em *Le Ventre de Paris*,[30] os legumes em geral — e as couves em particular — à dignidade de símbolos artísticos e políticos. Esse romance, escrito logo após o esmagamento da Comuna de Paris, foi, efetivamente, construído a

---

[30] O romance *Le Ventre de Paris* foi publicado em 1873 e o título é justamente uma metáfora da importância do mercado Les Halles em Paris naquela época. (N. da T.)

partir da polaridade de dois personagens: por um lado, o revolucionário que retorna do exílio para a nova Paris de Les Halles e estava chocado pela acumulação de mercadorias que materializa o mundo novo do consumo de massa; por outro, o pintor impressionista que canta a epopeia das couves, da nova beleza que opõe a arquitetura de ferro de Les Halles, e a pilha de legumes que ela abriga, à velha beleza doravante privada de vida, simbolizada pela igreja gótica vizinha.

O duplo jogo brechtiano com a politicidade e a apoliticidade das couves-flores é possível porque já há uma relação entre a política, a nova beleza e a bancada do mercado. Podemos generalizar o sentido dessa alegoria de legumes. A arte crítica, a arte que joga na união e na tensão das políticas estéticas, é possível graças ao movimento de translação que, já há muito tempo, atravessou os dois sentidos da fronteira entre o mundo próprio da arte e o mundo prosaico da mercadoria. Não há necessidade de imaginar uma ruptura "pós-moderna" que borra a fronteira que separava a grande arte das formas da cultura popular. Esse apagamento das fronteiras é tão velho quanto a própria "modernidade". O distanciamento brechtiano é evidentemente devedor das colagens surrealistas que fizeram entrar no domínio da arte as mercadorias obsoletas das passagens parisienses ou as ilustrações das revistas ou dos catálogos fora de moda. Mas o processo remonta a muito mais longe. O momento em que a grande arte foi constituída — ao mesmo tempo que declara, com Hegel, seu próprio fim — é também aquele em que ela começou a banalizar-se nas reproduções das revistas e a corromper-se no comércio da livraria e na literatura "industrial" do jornal. Mas é ainda o tempo em que as mercadorias começaram a viajar na direção oposta, a atravessar a fronteira que as separava do mundo da arte para vir repovoar e rematerializar essa arte que Hegel pensava ter esgotado suas formas.

Isso é o que Balzac nos mostra em *Illusions perdues*.[31] As barracas vetustas e lamacentas das Galeries de Bois, em que o poeta

---

[31] O romance *Ilusões perdidas*, publicado em partes, entre 1836 e 1843. Nele tem destaque as Galeries de Bois, citadas logo a seguir, uma série de lo-

decaído, Lucien de Rubempré, vai vender sua prosa e sua alma no meio do tráfico da Bolsa de Valores e da prostituição, tornam-se instantaneamente o lugar de uma poesia nova: uma poesia fantástica feita da abolição das fronteiras entre ordinário mercantil e o extraordinário da arte. O sensível heterogêneo do qual a arte da época estética se alimenta pode ser encontrado em qualquer lugar e, antes de mais nada, no próprio terreno do qual os puristas gostariam de desviá-lo. Tornando-se obsoleta, imprópria para o consumo, qualquer mercadoria, qualquer objeto de uso, torna-se disponível para a arte, de diversas maneiras, separadas ou juntas: como objeto de satisfação desinteressada, corpo que cifra uma história ou testemunho de uma estranheza inassimilável.

Enquanto uns devotavam a arte-vida à criação do mobiliário da vida nova, e outros denunciavam a transformação dos produtos da arte em cenário da mercadoria estetizada, outros tomavam nota desse duplo movimento que borrava a simples oposição das duas grandes políticas estéticas: se os produtos da arte não cessam de passar para o domínio da mercadoria, inversamente, as mercadorias e os bens de uso não cessam de passar a fronteira no outro sentido, deixando a esfera da utilidade e do valor para tornarem-se hieróglifos que carregam sua história sobre seu corpo ou objetos mudos desafetados, portadores do esplendor do que não suporta mais nenhum projeto, nenhuma vontade. É desse modo que a ociosidade da *Juno Ludovisi* pôde se transmitir a qualquer objeto de uso, a qualquer ícone publicitário tornado obsoleto. Esse "trabalho dialético nas coisas" que as torna disponíveis para a arte e para a subversão, rompendo o curso uniforme do tempo, recolocando um tempo em outro, mudando o estatuto e as formas da arte, foi a iluminação que Walter Benjamin teve quando da sua leitura de *Le Paysan de Paris*,[32] de Louis Aragon, que transforma-

---

jas de madeira, ligada ao Palais Royal, e na qual se reuniam livreiros, editores, tipógrafos etc. (N. da T.)

[32] "A passagem da Ópera", citado logo a seguir, é o segundo capítulo de *Le Paysan de Paris*, obra redigida na década de 1920, no auge do surrealismo, e publicada em livro em 1926 [ed. bras.: *O camponês de Paris*, tradução de Flávia Nascimento, Rio de Janeiro, Imago, 1996]. (N. da T.)

va a butique de bengalas obsoleta da *Passage de l'Opéra* em paisagem mitológica e poema fabuloso. E a arte "alegórica", que tantos artistas contemporâneos reivindicam, inscreve-se nessa filiação a longo termo.

É por essa passagem de fronteiras e essas trocas de estatuto entre arte e não-arte que a radical estranheza do objeto estético e a apropriação ativa do mundo comum puderam se coligar e que pôde se constituir, entre os paradigmas opostos da arte tornada vida e da forma como resistência, a "terceira via" de uma micropolítica da arte. Esse processo é o que sustenta as performances da arte crítica e que pode nos ajudar a compreender suas transformações e ambiguidades contemporâneas. Se há uma questão política da arte contemporânea, não é na grade da oposição moderno/pós-moderno que poderemos apreendê-la, mas na análise das metamorfoses que afetam o "terceiro" político, a política fundada no jogo das trocas e dos deslocamentos entre o mundo da arte e o da não-arte.

A política da mistura dos heterogêneos conheceu, do dadaísmo até as diversas formas da arte contestatória dos anos 1960, uma forma dominante: a forma polêmica. O jogo de trocas entre arte e não-arte servia para construir ali choques entre elementos heterogêneos, oposições dialéticas entre forma e conteúdo que denunciavam as relações sociais e o lugar que estava confiado à arte. A forma esticomítica dada por Brecht a uma discussão em verso sobre assuntos de couves-flores denunciava os interesses ocultos por trás das grandes palavras. Os bilhetes de ônibus, engrenagens de relógio e outros acessórios colados nas telas dadaístas ridicularizavam a pretensão de uma arte separada da vida. As latas de sopa ou as caixas Brillo introduzidas por Warhol no museu denunciavam as pretensões de solidão da grande arte. As misturas entre as imagens de *stars* e imagens de guerra operadas por Wolf Vostell mostravam o lado sombrio do sonho americano; as figuras de *homeless* projetadas por Krzysztof Wodiczko sobre os monumentos americanos acusavam a expulsão dos pobres do espaço público; os pequenos papelões colados por Hans Haacke nas obras dos museus revelavam sua natureza de objetos de especulação etc. A colagem dos heterogêneos tomava geralmente a figura de um choque que revelava um mundo escondido sob outro: violência capitalista sob as felicidades do consumo; interesses mercantis e violências de luta de classes por trás das aparências serenas da arte. A autocrítica da arte se misturava assim à crítica dos mecanismos da dominação estatal e mercantil.

Essa função polêmica do choque dos heterogêneos está sempre na ordem do dia nas legitimações das obras, instalações e exposições. Entretanto, a continuidade do discurso recobre transformações significativas que um simples exemplo nos permite apreender. Em 2000, em Paris, uma exposição intitulada *Bruit de fond* [Ruído de fundo] comparava obras dos anos 1970 e obras contemporâneas. Dentre as primeiras, figuravam as fotomontagens da série *Bringing War Home* [Trazendo a guerra para casa] de Martha Rosler, que confrontava as imagens publicitárias da felicidade doméstica americana com as imagens da guerra do Vietnã. Próxima a ela mantinha-se uma outra obra dedicada à face escondida do sonho americano. Realizada por Wang Du, ela era constituída de dois elementos: à esquerda, o casal Clinton, representado como dois manequins de museu de cera; à direita, um outro tipo de figura de cera: a plastificação de *L'Origine du monde* [A origem do mundo] de Courbet, que é, como se sabe, a representação em primeiro plano de um sexo feminino. As duas obras jogam igualmente com a relação entre uma imagem de felicidade ou de grandeza e sua face escondida de violência ou profanação. Mas a atualidade do caso Monica Lewinsky não era suficiente para conferir à representação do casal Clinton uma dimensão política. Precisamente, pouco importava a atualidade. Assistia-se ali ao funcionamento automático de procedimentos canônicos de deslegitimação: a figura de cera que faz do político um covarde; a profanação sexual que é o pequeno segredo sujo escondido/evidente de toda forma de sublimidade. Esses procedimentos funcionam sempre, porém funcionam girando sobre si mesmos, assim como a zombaria do poder em geral toma o lugar da denúncia política. Ou então, sua função consiste em nos tornar sensíveis a essa própria automaticidade, em deslegitimar os procedimentos de deslegitimação ao mesmo tempo que seus objetos. A distância do humor é o que vem, então, ocupar o lugar do choque provocador.

Escolhi esse exemplo significativo, mas seria possível citar muitos outros que confirmam, sob a aparente continuidade dos dispositivos e de suas legitimações textuais, um mesmo deslizamento das provocações dialéticas de ontem para figuras novas de composição dos heterogêneos. E seria possível ordenar esses deslizamentos múltiplos em quatro figuras maiores da exposição contemporânea: o jogo, o inventário, o encontro e o mistério.

O *jogo*, antes de mais nada, significa o duplo jogo. Eu evoquei noutro lugar uma exposição apresentada em Minneapolis sob o título *Let's entertain* [Vamos entreter] e rebatizada em Paris, *Au-delà du spectacle* [Para além do espetáculo].[33] O título norte-americano jogava já um duplo jogo, piscando um olho para a denúncia da indústria do *entertainment*, e o outro para a denúncia *pop* da separação entre a grande arte e a cultura popular do consumo. O título parisiense introduzia um giro a mais. Por um lado, a referência ao livro de Guy Debord reforçava o rigorismo da crítica ao *entertainment*, mas lembrava, por outro, que o antídoto para a passividade do espetáculo nesse autor é a livre atividade do jogo. Esse jogo com os títulos reenviava, naturalmente, à indecidibilidade das próprias obras. O carrossel de Charles Ray ou a mesa de pebolim gigante de Maurizio Cattelan podiam simbolizar indiferentemente a zombaria *pop*, a crítica do *entertainment* mercantil ou a potência positiva do jogo. E era preciso toda a convicção dos curadores para nos provar que os mangás, filmes publicitários ou músicas *disco* retratados por outros autores iriam nos oferecer, por sua própria reduplicação, uma crítica radical do consumo alienado dos lazeres. Em vez da suspensão schilleriana das relações de dominação, o jogo aqui invocado assinala a suspensão da significação das colagens apresentadas. Seu valor de revelação polêmica torna-se indecidível. E a produção dessa indecidibilidade está no coração do trabalho de muitos artistas e exposições. Onde o artista crítico pintava os ícones ululantes da dominação mercantil ou da guerra imperialista, o videoartista contemporâneo desvia ligeiramente os videoclipes e os mangás; onde marionetes gigantes en-

---

[33] Ver Jacques Rancière, *Le Destin des images*, op. cit., p. 33.

cenavam a história contemporânea como espetáculo épico, bolas e pelúcias "questionam" nossos modos de vida. A reduplicação, ligeiramente deslocada, dos espetáculos, acessórios ou ícones da vida cotidiana, não nos convida mais a ler os signos nos objetos para compreender as engrenagens de nosso mundo. Ela pretende aguçar ao mesmo tempo nossa percepção do jogo de signos, nossa consciência da fragilidade dos processos de leitura dos mesmos signos e nosso prazer de jogar com o indecidível. O humor é a virtude reivindicada de maior bom grado pelos artistas hoje em dia: o humor, ou seja, um deslocamento, tão leve a ponto de sequer ser notado, na maneira de apresentar uma sequência de signos ou uma composição de objetos.

Esses procedimentos de deslegitimação que passaram do registro crítico ao registro lúdico tornam-se, no limite, indiscerníveis daqueles que são produzidos pelo poder e os meios de comunicação, ou pelas formas de apresentação próprias à mercadoria. O próprio humor torna-se o modo dominante de exposição da mercadoria, e a publicidade joga cada vez mais com a indecidibilidade entre o valor de uso de seu produto e seu valor de suporte de imagens e signos. A única subversão restante é então a de jogar com essa indecidibilidade, de suspender, em uma sociedade que funciona com o consumo acelerado dos signos, o sentido dos protocolos de leitura dos signos.

A consciência dessa indecidibilidade favorece um deslocamento das proposições artísticas para a segunda forma, o *inventário*. O encontro dos heterogêneos não visa mais provocar um choque crítico nem jogar com a indecidibilidade desse choque. Os mesmos materiais, imagens e mensagens que foram questionados segundo as regras de uma arte da suspeita são agora submetidos a uma operação inversa: repovoar o mundo das coisas, reabarcar seu potencial de história comum que a arte crítica dissolvia em signos manipuláveis. A reunião dos materiais heterogêneos torna-se uma coleção positiva, sob uma dupla forma. Inicialmente, o inventário dos traços históricos: objetos, fotografias ou simplesmente listas de nomes que testemunham uma história e mundos comuns. Há quatro anos, em Paris, uma exposição intitulada *Voilà. Le monde dans la tête* [Aí está. O mundo na cabeça] propunha-se, assim, a recapitular o século XX. Por meio de justaposições fotográficas ou instalações diversas, tratava-se de reunir experiências, de fazer falar exibições de objetos quaisquer, nomes ou rostos anônimos, de penetrar nos dispositivos de recepção. O visitante, recebido inicialmente sob o signo do jogo (um campo multicolorido de dados, de Robert Filliou), atravessava em seguida uma instalação de Christian Boltanski, *Les Abonnés du téléphone* [Os assinantes do telefone], composta por listas telefônicas de diferentes anos e diferentes países do mundo que cada um podia, a sua escolha, retirar das prateleiras e consultar ao acaso sobre mesas colocadas à sua disposição. E depois uma instalação sonora de On Kawara evocava, para o visitante, alguns dos últimos "quarenta mil anos transcorridos". Já Hans-Peter Feldmann apresentava em seguida as fotografias de cem pessoas de um a cem anos. Atrás de vitrines, uma prateleira de fotografias de Peter Fischli e David Weiss dava a ver um *Monde visible* [Mundo visível] semelhante às fotos de férias dos álbuns de família, enquanto Fabrice Hybert expunha uma coleção de garrafas de água mineral etc.

Numa tal lógica, o artista é ao mesmo tempo o arquivista da vida coletiva e o colecionador, testemunha de uma capacidade partilhada, pois o inventário, que evidencia o potencial de história em comum dos objetos e imagens — aproximando a arte do artista plástico daquela do trapeiro —, demonstra também o parentesco entre os gestos inventivos da arte e a multiplicidade das invenções das artes de fazer e de viver que constituem um mundo partilhado: bricolagem, coleções, jogos de linguagem, material de manifestação etc. O artista dedica-se a tornar visíveis, no espaço reservado à arte, essas artes de fazer que existem dispersas na sociedade.[34] Por meio dessa dupla vocação do inventário, a vocação política/polêmica da arte crítica tende a transformar-se em vocação social/comunitária.

Esse deslizamento é acusado pela terceira forma. Batizei-a de *encontro*. Também seria possível chamá-la de *convite*. O artista

---

[34] Referência feita aqui ao livro de Michel de Certeau, *Les Arts de faire*, Paris, Gallimard,1980 [ed. bras.: *A invenção do cotidiano: 1. Artes do fazer*, tradução de Ephraim Ferreira Alves, Petrópolis, Vozes, 2014].

colecionador institui ali um espaço de acolhimento para convocar o passante a engajar-se em uma relação inesperada. É desse modo que a instalação de Boltanski convidava o visitante a pegar uma lista telefônica sobre a prateleira e a instalar-se a uma mesa para consultá-la. Um pouco mais longe, na mesma exposição, Dominique Gonzalez-Foerster convidava o visitante a pegar um volume numa pilha de livros de bolso e a sentar-se, para lê-lo, sobre um tapete que figurava uma ilha deserta dos sonhos de infância. Noutra exposição, Rirkrit Tiravanija colocava à disposição do visitante sachês, fogareiro de camping e chaleira para que pudesse preparar para si mesmo uma sopa chinesa, sentar-se e iniciar uma discussão com o artista ou com outros visitantes. A essas transformações do espaço da exposição respondem diversas formas de intervenção no espaço urbano ordinário: uma sinalização trocada nos abrigos de ônibus transforma o percurso da necessidade cotidiana em aventura (Pierre Huyghe); uma inscrição luminosa em letras árabes ou um alto-falante em língua turca, invertendo as relações entre o autóctone e o estrangeiro (Jens Haaning); um pavilhão vazio se oferece aos desejos de sociabilidade dos habitantes de um bairro (Grupo A 12). A arte relacional propõe-se, assim, a criar não mais objetos, mas situações e encontros. Mas essa oposição extremamente simples entre objetos e situações opera um curto-circuito. O que está em jogo é, de fato, a transformação desses espaços problemáticos que a arte conceitual tinha contraposto aos objetos/mercadorias da arte. A distância tomada ontem com a mercadoria inverte-se agora em proposição de proximidade nova entre os seres, instaurando novas formas de relações sociais. Não é mais tanto a um excesso de mercadorias e de signos que a arte quer responder, mas a uma falta de laços. Como diz o principal teórico dessa escola: "Por pequenos serviços prestados, o artista preenche as falhas do laço social".[35]

A perda do "laço social", o dever que incumbe aos artistas de atuar para repará-lo são palavras de ordem do dia. Mas a cons-

---

[35] Nicolas Bourriaud, *Esthétique relationnelle*, Dijon, Les Presses du Réel, 1998, p. 37 [ed. bras.: *Estética relacional*, tradução de Denise Botmann, São Paulo, Martins Fontes, 2009].

tatação da perda pode tornar-se mais ambiciosa. Não são apenas formas de civilidade que teríamos perdido, mas o próprio sentido da copresença dos seres e das coisas que faz um mundo. Isso é o que se propõe a remediar a quarta forma, o *mistério*. Foi Jean-Luc Godard que destacou, para aplicá-la ao cinema, essa categoria que, desde Mallarmé, designa certa maneira de ligar os elementos heterogêneos: por exemplo, nesse último, o pensamento do poeta, os passos de uma dançarina, a abertura de um leque, a espuma de uma onda ou a ondulação de uma cortina levantada pelo vento; em Godard, a rosa de *Carmen*, um quarteto de Beethoven, as espumas de uma onda numa praia que evocam *The Waves*[36] de Virginia Woolf, e o elã de corpos amorosos. A sequência de *Prénom Carmen* [*Carmen de Godard*] que resumo aqui mostra bem a passagem de uma lógica a uma outra. A escolha dos elementos colocados em relação depende efetivamente de uma tradição do desvio: a montanha andaluza torna-se uma praia de fim de semana; os contrabandistas românticos, terroristas malucos; a flor jogada que cantava Don José não é nada além de uma rosa dentro de um plástico, e Micaela destroça Beethoven em vez de cantar as árias de Bizet. Contudo, o desvio não tem mais nenhuma função crítica política da grande arte. Ele apaga, ao contrário, a imageria pitoresca à qual a crítica enlaçava-se para fazer renascer as personagens de Bizet da pura abstração de um quarteto de Beethoven. Ele faz desvanecer os ciganos e os toureiros na música fusional das imagens que une, em uma mesma respiração, o barulho das cordas, o das ondas e o dos corpos. Em oposição à prática dialética que acentua a heterogeneidade dos elementos para provocar um choque que atesta uma realidade marcada por antagonismos, o mistério acentua o parentesco dos heterogêneos. Ele constrói um jogo de analogias em que são o testemunho de um mundo comum no qual as realidades mais afastadas aparecem como talhadas no mesmo tecido sensível e podem sempre estar ligadas por aquilo que Godard chama de "fraternidade das metáforas".

---

[36] Publicado em 1931 pela Hogarth Press. [Ed. bras.: *As ondas*, tradução de Tomaz Tadeu, Belo Horizonte, Autêntica, 2021.] (N. da T.)

"Mistério" foi o conceito central do simbolismo. E, seguramente, o simbolismo está novamente na ordem do dia. Eu não me refiro com isso a certas formas espetaculares e um pouco nauseabundas como a ressurreição das mitologias simbolistas e dos fantasmas wagnerianos da obra de arte total no ciclo *Cremaster* (1997-1999) de Matthew Barney. Penso na maneira mais modesta, às vezes imperceptível, pela qual a reunião de objetos, de imagens e signos apresentados pelas instalações contemporâneas deslizaram, nos últimos anos, da lógica do dissenso provocador para aquela do mistério que é testemunha de uma copresença. Evoquei em outro lugar as fotografias, vídeos ou instalações da exposição *Moving Pictures* [Imagens em movimento], apresentada no museu Guggenheim de Nova York em 2002.[37] Ela afirmava a continuidade dessas obras contemporâneas com uma radicalidade artística nascida nos anos 1970 como crítica conjunta da autonomia artística e das representações dominantes. Mas, à imagem dos vídeos de Vanessa Beecroft que apresentavam corpos femininos nus e inexpressivos no espaço do museu, das fotografias de Sam Taylor-Wood, Rineke Dijkstra ou Gregory Crewdson que mostravam corpos com identidade ambígua em espaços imprecisos, ou das lâmpadas iluminando as paredes forradas de fotografias anônimas de uma câmara obscura de Christian Boltanski, o questionamento, sempre invocado, dos estereótipos perceptivos, deslizava em direção a um interesse inteiramente outro através dessas fronteiras indecisas do familiar e do estranho, do real e do simbólico, que tinham fascinado os pintores nos tempos do simbolismo, da pintura metafísica ou do realismo mágico. Enquanto isso, no piso superior do museu, uma instalação de vídeo de Bill Viola projetava, sobre as quatro paredes de uma sala escura, chamas e dilúvios, lentas procissões, deambulações urbanas, velórios ou navios zarpando que simbolizam, ao mesmo tempo que os quatro elementos, o grande ciclo do nascimento, da vida, da morte e da ressurreição. A arte experimental do vídeo vinha assim manifestar claramente a tendência latente de muitos dispositivos de hoje, imitando, à sua

---

[37] J. Rancière, *Le Destin des images*, *op. cit.*, pp. 74-5.

maneira, os grandes afrescos do destino humano que a era simbolista e expressionista admiravam.

Sem dúvida, essas são categorizações esquemáticas. As exposições e instalações contemporâneas conferem ao par "expor/instalar" vários papéis simultaneamente; elas jogam com a fronteira flutuante entre a provocação crítica e a indecidibilidade de seu sentido, entre a forma da obra exposta e aquela do espaço de interação instituído. Os dispositivos das exposições contemporâneas frequentemente cultivam essa polivalência ou sofrem o seu efeito. A exposição *Voilà* apresentava assim uma instalação de Bertrand Lavier, a *Salle des Martin* [Sala dos Martin] que reunia cinquenta pinturas das quais muitas saíram das reservas de museus do interior, e tendo como único ponto comum um nome de autor, o nome de família mais comum na França, Martin. A ideia originária ligava essa instalação ao questionamento das significações da obra e da assinatura própria à arte conceitual. Mas nesse novo contexto memorial, ela adquiria uma significação nova, atestando a multiplicidade das capacidades picturais mais ou menos ignoradas e que inscrevem na memória do século o mundo perdido da pintura. Essa multiplicidade das significações atribuídas aos mesmos dispositivos dá-se, às vezes, como prova de uma democracia da arte, que se recusa a destrinchar uma complexidade das atitudes e uma labilidade das fronteiras que refletem elas próprias a complexidade de um mundo.

As atitudes contraditórias que cunharam os grandes paradigmas estéticos hoje exprimem uma indecidibilidade fundamental das políticas da arte. Essa indecidibilidade não é resultado de uma virada pós-moderna, mas é constitutiva: o suspenso estético que se deixa imediatamente interpretar em dois sentidos. A singularidade da arte está ligada à identificação de suas formas autônomas com formas de vida e com possíveis políticos. Esses possíveis não se realizam nunca integralmente senão ao preço de suprimir a singularidade da arte, a da política ou as duas conjuntamente. A tomada de consciência dessa indecidibilidade acarreta hoje dois sentimentos opostos: nuns, uma melancolia com relação ao mundo comum que a arte carregava em si, caso ela não houvesse sido traída por suas afiliações políticas ou seus compromissos comerciais;

noutros, uma consciência de seus limites, a tendência a jogar com a limitação de seus poderes e a própria incerteza de seus efeitos. Mas o paradoxo de nosso presente é, talvez, que essa arte incerta de sua política seja convidada a mais intervenção pelo déficit mesmo da política propriamente dita. Tudo se passa, efetivamente, como se o encolhimento do espaço público e o apagamento da inventividade política no tempo do consenso dessem às minidemonstrações dos artistas, às suas coleções de objetos e de traços, aos seus dispositivos de interação, provocações *in situ* ou outras, uma função política substitutiva. Saber se essas "substituições" podem recompor espaços políticos ou se elas devem se contentar em parodiá-los é seguramente uma das questões do presente.

AS ANTINOMIAS
DO MODERNISMO

A INESTÉTICA DE ALAIN BADIOU:
AS TORÇÕES DO MODERNISMO

Petit manuel d'inesthétique:[38] é sob esse título que Alain Badiou reúne suas principais intervenções sobre a questão da arte. A esse conceito novo de "inestética" ele dá, como única carta de apresentação, as duas frases a seguir: "Por 'inestética', compreendo um nexo da filosofia com a arte que, postulando que a arte é por si só produtora de verdades, não pretende de maneira alguma fazer dela um objeto para a filosofia. Contra a especulação estética, a inestética descreve os efeitos estritamente intrafilosóficos produzidos pela existência independente de algumas obras de arte".[39]
Essas duas frases postulam uma primeira premissa. Elas afirmam a proposição própria a Alain Badiou de uma relação que é uma não-relação entre duas coisas, na qual cada uma só se relaciona consigo mesma. Mas elas situam também essa proposição singular em uma configuração muito consensual do pensamento contemporâneo. Entre a denúncia analítica da estética especulativa e a denúncia lyotardiana do veneno niilista da estética, toda uma gama de discursos, hoje, concorda na verdade com a reivindicação de uma separação radical entre as práticas próprias da arte e a empreitada maléfica de uma especulação estética que não cessa de capturar e desnaturar a sua ideia. Identificar a inestética é captar a lógica que inscreve sua singularidade nesse grande consenso antiestético. Para isso, é preciso, antes de mais nada, tentar

---

[38] Alain Badiou, *Petit manuel d'inesthétique*, Paris, Seuil, 1998 [ed. bras.: *Pequeno manual de inestética*, tradução de Marina Appenzeller, São Paulo, Estação Liberdade, 2002].

[39] A. Badiou, *Petit manuel d'inesthétique*, op. cit., p. 7.

identificar a razão do próprio consenso. Essa me parece poder assim se resumir: a denúncia da "desnaturação" estética da arte serve como garantia quanto à sua "natureza" ou, se se quiser, quanto à univocidade de seu nome. Ela assegura, por sua vez, que existe sim um conceito unívoco da arte, tornado efetivo na singularidade autônoma das obras, invariante na diversidade das práticas artísticas, e atestada em uma experiência específica. Em suma, a denúncia da usurpação estética garante que há um "próprio da arte". Ela garante a identificação desse "próprio". O que quer dizer que, reciprocamente, o nome *estética* é o que problematiza esse próprio da arte: a univocidade de seu conceito, o nexo de sua unidade com a pluralidade das artes e os modos de reconhecimento de sua presença.

Há, de fato, três grandes atitudes filosóficas quanto à identificação da arte e das artes. Eu as retomarei, seguindo, com um leve deslocamento, a recapitulação que abre o texto de Badiou sobre "Arte e filosofia".[40] A primeira, à qual Platão atou o seu nome, pode ser assim resumida: há *artes*, ou seja, aplicação de saberes fundados na imitação de modelos, e há *aparências*, simulacros de artes. Há imitações verdadeiras e falsas. Nessa partilha, a *arte*, tal como a compreendemos, é uma noção que não se encontra. Por isso, não há razão para se lamentar que Platão tenha "submetido a arte à política". Platão, de fato, não submete a arte a nada. Muito mais radicalmente, ele não *conhece* a arte. O que ele conhece é o poema, na medida em que educa, e será sempre a respeito dele que levanta as questões: para que finalidade e por quais meios educa? A arte, então, está separada da verdade, não apenas no sentido de que o verdadeiro se opõe ao simulacro, mas no sentido de que a própria partilha do verdadeiro e do simulacro impede que se identifique o lugar de tal separação.

A segunda forma — a aristotélica, para ir rápido — identifica a arte no par *mimesis/poiesis*. Há, para ela, dentre *as artes*, ou seja, dentre as habilidades, algumas artes que executam coisas específicas: imitações, isto é, agenciamentos de ações representadas.

---

[40] *Idem*, pp. 9-15.

Essas se subtraem tanto à verificação ordinária dos produtos das artes por sua utilidade como à legislação da verdade sobre os discursos e as imagens. A arte não existe como noção autônoma. Mas existe, no campo geral das *tekhnnaï*, um critério de discriminação, a imitação, que funciona de três maneiras. É, antes de mais nada, um princípio de classificação que distingue, dentre as artes, uma classe específica dotada de critérios próprios. Mas é também um princípio de normatividade interna que se especifica em regras e critérios de reconhecimento e de apreciação, permitindo que se julgue se uma imitação é ou não arte, se ela obedece aos critérios das boas imitações em geral, e de uma arte, ou de um gênero, específico de imitação em particular. Enfim, é um princípio de distinção e de comparação que permite que se separem e se comparem as diversas formas de imitação. Assim se define um regime representativo, no qual a arte não existe como nome de um domínio próprio, mas no qual existem critérios de identificação do que fazem as artes e de apreciação da maneira, boa ou má, como o fazem.

Existe, enfim, uma terceira forma, um regime estético no qual a arte não é mais identificada por uma diferença específica no seio das maneiras de fazer e por critérios de inclusão e avaliação que permitem julgar concepções e execuções, mas por um modo de ser sensível próprio a seus produtos. Esses são caracterizados por seu pertencimento ao modo de ser de um sensível diferente de si mesmo, que se tornou idêntico a um pensamento igualmente diferente de si mesmo. Nesse regime, a arte encontra-se identificada como conceito específico. Mas o é pela própria defecção de todo critério que separa suas maneiras de fazer de outras maneiras de fazer. Pois a *mimesis* era precisamente isso: não a obrigação da semelhança com a qual nossos estudantes, e muitos de seus mestres, obstinam-se em identificar mas um princípio de partilha no cerne das atividades humanas, delimitando um domínio específico e nele permitindo a inclusão de objetos e a comparação de classes de objetos. A *mimesis* separava o que era e o que não era arte. Ao contrário, todas as definições novas, as definições *estéticas* nas quais se afirma a autonomia da arte, dizem de outra maneira a mesma coisa, afirmam o mesmo paradoxo: a arte se reconhece, de agora em diante, por um caráter de indistinção. Seus produtos manifestam sensivelmente a qualidade de algo do que é *feito*, idêntico a algo *não feito*, do *sabido* idêntico ao *não sabido*, do *desejado* idêntico ao *não desejado*. Em resumo, o próprio da arte, enfim nomeável enquanto tal, é sua identidade com a não-arte. É nisso que a arte depende positivamente, a partir de agora, da noção de verdade. Não porque a arte se afirme como a única capaz de verdade — segundo a tese que Badiou injustamente atribui ao romantismo alemão —, mas porque é arte somente na medida em que depende dessa categoria. E depende dela pois é a prova, no sensível, na diferença de um sensível no regime ordinário do sensível, de uma passagem da ideia. Há arte, nesse regime, porque há a eternidade que passa, porque o novo modo do eterno consiste em passar.

Uma consequência se deduz daí: se a eternidade não faz senão passar, seu efeito não é, em ponto algum, identificável à efetuação de uma forma determinada numa materialidade específica. Seu efeito está sempre na diferença do que passa e daquilo através do qual ele passa. A imanência do pensamento no sensível logo se desdobra. A forma é forma de uma pura passagem e é, ao mesmo tempo, momento de uma história das formas. O princípio de imanência da ideia à presença sensível logo se inverte em princípio de afastamento. A ideia somente evita se afundar na situação de onde provém porque está sempre à frente ou atrás de si mesma, segundo uma necessidade que resume o célebre dilema hegeliano: se a arte é para nós uma coisa do passado, é porque sua presença em geral é uma presença no passado, que no seu presente suposto era outra coisa que não arte. Era uma forma de vida, um modo da comunidade, uma manifestação da religião.

Assim, a identificação estética da arte como manifestação de uma verdade que é passagem do infinito no finito liga originariamente essa passagem a uma "vida das formas", um processo de formação das formas. E, nesse processo, todos os critérios de diferenciação entre as formas da arte e as formas da vida de que ela é expressão, como entre as formas da arte e as formas do pensamento que assegura sua retomada, se esvaem. Passa-se o mesmo com os princípios de diferenciação entre as artes e, finalmente, com a própria diferença entre a arte e a não-arte. Em resumo, a autonomia estética da arte não é senão o outro nome de sua heteronomia. A identificação estética da arte é o princípio de uma desidentificação generalizada. Essa começa com a revolução poética de Vico, afirmando que Homero foi poeta porque não quis ser poeta, porque exprimiu o saber que os homens de seu tempo tinham sobre si mesmos da única maneira pela qual podiam exprimi-lo;[41] ela prossegue na afirmação balzaquiana de que o grande poeta da nova era não é um poeta, mas o geólogo Cuvier,[42] assim como na indiscernibilidade da escrita do Balzac grande romancista e do Balzac fabricante de *Fisiologias* para fins alimentares; ela se prolonga ainda com a busca rimbaudiana pelo ouro do poema novo nos refrãos tolos e nas pinturas idiotas, ou no risco que corre a frase flaubertiana a todo momento de tornar-se uma frase de Paul de Kock; nesses objetos não identificados que são os poemas em prosa ou o ensaio — por exemplo esse "ensaio" de Proust sobre Sainte-Beuve, que se torna esse romance falsamente autobiográfico, *À la recherche du temps perdu*, que se conclui com a exposição de uma teoria do livro contraditória com seu próprio desenvolvimento. Encerro aqui a lista interminável dessas desordens da identificação da arte. Dei exemplos unicamente "literários" porque "literatura" é o nome sob o qual a desordem inicialmente afetou a arte de escrever antes de estender suas interferências para o campo das artes ditas plásticas e das artes ditas do espetáculo.

Contra essa desordem moderna, inventou-se um bastião. Tal bastião se chama *modernismo*. O modernismo é o pensamento da arte que quer a identificação estética da arte, mas recusa as formas de desidentificação nas quais ela se efetua, que quer a autonomia da arte, mas recusa a heteronomia que é seu outro nome. Essa inconsequência inventou, para estabelecer sua bela cadeia de consequências, uma fábula exemplar que enlaça a homonímia da arte à

---

[41] Giambattista Vico, *La Scienza Nuova* [ed. bras.: *Ciência nova*, tradução de Vilma de Katinszky, São Paulo, Hucitec, 2010], e Jacques Rancière, *La Parole muette*, Paris, Hachette Litterature, 1998.

[42] Ver Balzac, *La Peau de chagrin* [ed. bras.: *A pele de onagro*, tradução de Paulo Neves, Porto Alegre, L&PM, 2008], e Jacques Rancière, *L'Inconscient esthétique*, Paris, Galilée, 2001 [ed. bras.: *O inconsciente estético*, tradução de Mônica Costa Netto, São Paulo, Editora 34, 2009].

contemporaneidade a si da época. Essa fábula simplesmente identifica a revolução moderna da arte à descoberta da essência pura, enfim desnudada, da arte. A retirada da *mimesis* é assimilada ali a uma insurreição pela qual as artes, há um século, teriam se liberado da obrigação representativa e teriam reencontrado o fim próprio da arte, até então pervertido como meio de um fim imposto exteriormente. A identificação estética da arte é então levada à autonomização de cada arte, de agora em diante consagrada à demonstração das potências de pensamento imanentes à sua materialidade determinada. Assim, a modernidade literária seria a exploração dos puros poderes da linguagem, liberta da obrigação de comunicação; a modernidade pictórica seria a conquista, por uma pintura liberada de toda mulher nua e de todo cavalo de combate, dos poderes intrínsecos da superfície bidimensional e da materialidade do pigmento de cor; a modernidade musical se identificaria à linguagem de doze sons, liberta de qualquer analogia com a linguagem expressiva etc. Define-se assim um "próprio da arte" que cada arte realiza com seus meios próprios, bem distintos daqueles da arte vizinha. Pretende-se assegurar no mesmo golpe a distinção global da arte e da não-arte.

Essa identificação do próprio da arte aos próprios das artes mantendo-se sabiamente em seus respectivos lugares jamais foi bem fundamentada teoricamente. E ela é cada vez menos sustentável na prática, diante da realidade das misturas que caracterizam, há um século, o desenvolvimento da arte, apesar da descoberta periódica de novos "Novo Laocoonte", reafirmando depois do de Lessing a radical separação das artes.[43] Por isso, a reivindicação do "próprio da arte" é cada vez mais garantida negativamente pela denúncia de tudo aquilo que borra a fronteira da arte e da não-arte e, mais particularmente, pela captura da arte pelo discurso sobre a arte em geral e o discurso filosófico em particular. A "an-

---

[43] Ver Clement Greenberg, "Towards a Newer Laocoon", in *The Collected Essays and Criticism*, Chicago, The University of Chicago Press, 1986 [ed. bras.: "Rumo a um mais novo Laocoonte", in *Clement Greenberg e o debate crítico*, Glória Ferreira e Cecília Cotrim de Mello (orgs.), tradução de Maria Luíza Borges, Rio de Janeiro, Funarte/Jorge Zahar Editor, 1997].

tiestética" contemporânea é, assim, a forma defensiva do modernismo, implacável em exorcizar o pertencimento de "seu" "próprio da arte" a esse regime estético da arte que só pode constituí-lo ao preço da desapropriá-lo.

Como agora situar a *inestética* no consenso antiestético ao qual foi levado hoje o consenso modernista de ontem? Pode-se certamente discernir na problematização da arte em Badiou alguns dos traços característicos do modernismo: reivindicação de uma modernidade da arte entendida como uma anti-*mimesis*, no sentido de eliminação de toda obrigação de se imitar uma realidade exterior; tese segundo a qual as verdades da arte lhes são absolutamente próprias, e delimitação estrita de uma fronteira entre a arte e o discurso sobre a arte; afirmação de uma separação estanque entre as artes. Mas esses enunciados modernistas não se unem em uma figura habitual do modernismo. Assim, Badiou recusa que a especificidade das artes seja a de suas *linguagens* respectivas. Ela é, ele afirma, a de suas *ideias*. E se o herói de seu pensamento da arte é o herói da modernidade literária, como se entendia no tempo da revista *Tel Quel* e do estruturalismo, o Mallarmé da noite virginal de *Igitur*, do *Lance de dados* e do *Soneto em X*, ele não identifica em sua página branca a essência — pura ou opaca — da linguagem, mas a passagem da Ideia. Em suma, o modernismo incontestável de Badiou é um modernismo torcido. A essência da arte suposta una e moderna "tal como em si mesma" aparece aí torcida, duas vezes, pelo projeto filosófico matricial de Badiou, pelo que podemos chamar seu ultraplatonismo, resumido na ideia de um platonismo do múltiplo.

A torção que ele impõe ao simples modernismo deve ser compreendida no seio de um projeto que já tem uma longa história de reconciliar a condenação platônica das imagens e a afirmação de um próprio da arte. Esse projeto conheceu historicamente duas grandes formas. Houve a forma mimética, a do neoplatonismo do Renascimento, cuja fórmula foi resumida por Panofsky em *Idea*.[44]

---

[44] Ed. bras.: *Idea: a evolução do conceito de belo*, tradução de Paulo Neves, São Paulo, Martins Fontes, 1994. (N. da T.)

Essa consiste em remeter a "falsa" imitação à verdadeira, fazendo do artista um contemplador da Ideia eterna que faz brilhar seu reflexo nas aparências sensíveis. Esse neoplatonismo pictórico da semelhança da imagem com a Ideia não pode ser o de Badiou. Não se trata para ele de redimir a arte dando à Ideia *analoga* sensíveis, e de fazer a eternidade do modelo refletir-se na superfície do quadro. Ser verdadeiramente platônico, sê-lo à maneira moderna, para ele, é fazer advir a eternidade platônica da Ideia na radicalização da anti-*mimesis*. É fazer advir a Ideia sem semelhança naquilo que se diferencia absolutamente, naquilo que o platonismo recusa absolutamente e que, em contrapartida, o recusa, interminavelmente: o obscuro das situações e os fingimentos do teatro. O platonismo do triunfo da Ideia imortal sobre todo sensível mortal vale para ele apenas se puder encarnar sua exigência na figura de um personagem de comédia, gozador, arruaceiro e mentiroso sem vergonha. Eis por que ele propõe uma versão contemporânea de *Les Fourberies de Scapin*,[45] na qual o herói se torna um árabe de nossos subúrbios.[46] Em suma, o platonismo não vale senão como identidade do platonismo e do antiplatonismo.

Mas esse platonismo da identidade dos contrários não se separa do neoplatonismo senão ao se aproximar de um segundo "platonismo da arte": esse platonismo da época estética, elaborado pelo romantismo e pelo idealismo pós-kantianos, que permite à Ideia advir como passagem no sensível e à arte ser sua comprovação. Ele depende da figura estética da Ideia como pensamento diferente de si mesmo, manifesto num sensível diferente de si mesmo. Alain Badiou deve assumir a paternidade de seu "modernismo platônico"[47] com essa determinação estética da arte que, rigoro-

---

[45] Comédia em prosa de Molière (1622-1673), encenada pela primeira vez em 1671. Ed. bras.: *As artimanhas de Scapino*, tradução de Carlos Drummond de Andrade, Rio de Janeiro, Ministério da Educação e Cultura, 1962. (N. da T.)

[46] Alain Badiou, *Ahmed philosophe*, seguido de *Ahmed se fâche* [em português, "Ahmed filósofo" e "Ahmed se zanga"], Paris, Actes Sud, 1997, pp. 212-3.

[47] A. Badiou, *Petit manuel d'inesthétique*, op. cit., p. 12.

samente compreendida, faz explodir o paradigma modernista. Em vão ele tenta dele se livrar, no texto já citado sobre "Arte e filosofia", ao assinalar a identificação estética da arte à teoria particular do romantismo, e ao assimilar de modo expedito o romantismo a uma cristologia, quer dizer, segundo outra assimilação expedita, a uma fétida tomada de partido compassiva em relação ao corpo sofredor e mortal. Esses amálgamas precipitados deixam inteiro o problema que querem exorcizar. Não se trata, efetivamente, de escolher entre o corpo mortal e a eternidade da Ideia. Trata-se de definir o estatuto da passagem dessa própria eternidade.

Tudo sempre se passa, em Badiou, em torno daquilo que é a imagem matricial da arte romântica segundo Hegel, a saber, não a cruz, mas o túmulo vazio — vazio de uma Ideia que retornou ao céu para nunca mais descer. Não se trata do combate da morte e da imortalidade. Esse combate está precisamente acabado. Trata-se de saber *para onde* passou esse Ressuscitado, cuja procura aqui é vã. O roteiro hegeliano resume esse estatuto da arte e da verdade que as coloca incessantemente atrás ou à frente delas mesmas, em que a eternidade de uma estátua é feita da impossibilidade para uma religião de pensar o Eterno, e o elã de uma flecha de catedral da impossibilidade para um pensamento que encontrou o Eterno de lhe dar figura sensível. O que está em questão não é o elogio mórbido da carne sofredora, mas a viagem da eternidade sempre presa entre o mutismo da pedra e o retorno a si do pensamento. Em volta do túmulo vazio, pressentem-se efetivamente as sombras de tudo aquilo que ameaça a passagem platônica/antiplatônica da Ideia na arte: o corpo nada sofredor, mas glorioso, da Igreja ou da comunidade, o devir-filosofia do poema, o devir-imagem e imageria da advinda do Eterno, o devir-museu e o devir-arqueologia da arte... Em suma, todas as formas de absorção do sensível na Ideia e da Ideia no sensível que cunham a identificação estética da arte. Da mesma maneira, cada análise de poema ou de obra de arte em Badiou nos remete a essa cena primitiva, sempre reencenada da mesma forma. Trata-se, a cada vez, de fazer aparecer no túmulo vazio — no lugar de todo corpo desaparecido, mas também de toda ideia que retornou ao céu — a imortalidade presente nas asas iridescentes e a palavra do Anjo que anuncia que, ainda dessa vez, a Ideia se confirmou em sua passagem: o anjo da Ressurreição, o anjo da Anunciação, confirmando, como o "gênio" do poema de Rimbaud, que virá outra vez para confirmar novamente o acontecimento, a cada vez recomeçado, da vinda da Ideia. Trata-se de fazer permanecer a passagem, de tornar para sempre consistente a inconsistência da passagem da Ideia, impedindo-a de se perder, seja no mutismo das coisas, seja na interioridade do pensamento. É preciso separar a passagem do Infinito de seu lugar estético, a vida das formas, a Odisseia do espírito estranho a si mesmo.

Badiou deve, portanto, fazer passar a lâmina platônica da separação no seio da indiscernibilidade estética entre as formas da arte e as da vida, entre as formas da arte e as dos discursos sobre a arte, entre as formas da arte e as da não-arte. No cerne desse platonismo romântico que afirma que a arte é antimimética, que ela depende da verdade e que a verdade passa, o autor deve fazer intervir outro platonismo. Um platonismo inédito que faz valer, pela própria pluralização da verdade em outras tantas verdades discretas, uma eternidade sempre recomeçada do ato de uma consumação integral do sensível. Ele quer fazer passar a eternidade na separação cada vez renovada que faz brilhar a Ideia na evanescência do sensível, afirmar o caráter absolutamente discreto e sempre semelhante da vinda da Ideia, impedindo que sua cifra inscrita se perca no mutismo da pedra, no hieróglifo do texto, no cenário da vida ou no ritmo do coletivo. Ele o quer menos para preservar um domínio próprio da poesia ou da arte do que para preservar o valor educativo da Ideia.

Pois ser platônico consiste também em afirmar que a questão do poema é, em última instância, ética, que o poema ou a arte são uma educação. O platonismo estético em geral guarda o paradoxo de uma educação para a verdade própria à arte. Porém, há duas maneiras de entendê-lo. Há a *Bildung*[48] romântica, a identificação das formas de arte às formas de uma vida que se cultiva. A isso o ultraplatonismo de Badiou objeta que apenas uma coisa educa, a saber, a contemplação das ideias. E todo o paradoxo de seu pla-

---

[48] Em alemão no original: "formação cultural". (N. da T.)

tonismo modernista se encontra nisso: é precisamente pela razão que mais o afasta do credo modernista na autonomia da arte que Badiou deve lançar mão de algumas de suas proposições fundamentais, em uma companhia ambígua. Ele deve afirmar a existência de um próprio da arte ou do poema, que a modernidade enfim liberou em sua pureza, afirmar que esse próprio é a manifestação de uma verdade autossuficiente, inteiramente separada de todo discurso sobre a arte e, enfim, que esse "próprio da arte" é sempre o próprio de *uma* arte. Deve fazê-lo não pela corriqueira fé modernista na "linguagem" própria a cada arte, mas porque é a condição da separação por meio da qual a Ideia — e tão somente ela — comprova-se e se educa por meio de sua exibição. E deve fazê-lo ao risco de um paradoxo: o de fundar a separação antimimética da arte em categorias que pertencem de fato à lógica da *mimesis*.

Penso, por exemplo, na constante oposição por ele reiterada entre o pensamento imanente ao poema mallarmeano e as declarações de Mallarmé sobre a poesia. Essa oposição entre o pensamento *do* poema e o discurso *sobre* o poema não tem, na realidade, outro critério senão a tradicional distinção entre verso e prosa. Ora, o regime estético das artes em geral, e a poesia de Mallarmé em particular, priva de toda pertinência discriminatória essa oposição entre o ensaio em prosa e o poema em verso: *Crise de vers* não é um texto de Mallarmé *sobre* a poesia, é poesia mallarmeana, nem mais nem menos do que o *Sonnet en X*,[49] que, por seu turno, é indissoluvelmente um poema e um enunciado *sobre* a poesia. Penso ainda nesta afirmação que identifica modernidade e anti-*mimesis*: "O poema moderno é o contrário de uma *mimesis*. Ele exibe por sua operação uma Ideia cujo objeto e objetividade não passam de pálidas cópias".[50] O gesto pelo qual Badiou impõe o corte excede sensivelmente a potência discriminatória do próprio enunciado. Pois esse não faz senão retomar a ideia fundadora do

---

[49] Em português, respectivamente, *Crise de verso* e *Soneto em X*. (N. da T.)

[50] A. Badiou, *Petit manuel d'inesthétique, op. cit.*, pp. 38-9.

regime mimético, a superioridade da poesia sobre a história, afirmada no capítulo IX da *Poética* de Aristóteles. E os dois versos mallarmeanos pelos quais ele quer ilustrar a ruptura "moderna" ("[...] le matin frais s'il lutte,/ Ne murmure point d'eau que ne verse ma flûte")[51] não dizem nada além desses dois versos de La Fontaine que costumo tomar como ilustração típica do regime mimético: "Les charmes qu'Hortésie épand sous ses ombrages/ Sont plus beaux dans mes vers qu'en ses propres ouvrages".[52] A fórmula na qual Badiou quer resumir a modernidade antimimética é, na realidade, a fórmula mais tradicional da *mimesis*.

Esse recurso aos princípios mais bem estabelecidos da arte mimética para fundar a pretensa singularidade antimimética do poema moderno não é um deslize circunstancial. De fato, Badiou busca preservar o poema mallarmeano, menos da *mimesis* do que da *aisthesis*, ou seja, da identificação estética da passagem da verdade. Contra toda encarnação da Ideia que a engole na matéria sensível, ele quer fazer valer a Ideia como pura subtração, pura operação de desaparecimento integral do sensível. Mas, também, ele quer que essa subtração escape a todo esvanecimento, quer fazê-la permanecer como inscrição. Quer assegurar a articulação problemática entre dois princípios. Primeiramente, a Ideia é subtração. Em segundo lugar, toda subtração é a operação positiva da inscrição de um nome. Há arte, em Badiou, desde que haja nominação. Da mesma maneira, o conceito pertinente, para ele, não é a arte, mas o poema. A essência da arte, como para Heidegger, é a essência do poema. E essa essência consiste em inscrever, em conservar para sempre, não o desaparecido, mas o próprio desapare-

---

[51] Versos de "L'Après-midi d'un faune" (1876). Na tradução de Décio Pignatari, "[...] a manhã/ se debate em calor para manter-se fresca/ E água não canta que da avena eu não derrame", in *Mallarmé*, organização, tradução e notas de Augusto de Campos, Décio Pignatari e Haroldo de Campos, São Paulo, Perspectiva, 1991. (N. da T.)

[52] Versos do poema *Le Songe de Vaux*, de La Fontaine. Em tradução literal: "Os encantos que Hortênsia estende por suas sombras/ São mais belos nos meus versos do que em suas próprias obras". (N. da T.)

cimento. Eis por que razão não há no sistema das artes de Badiou, no fundo, senão duas artes necessárias: o poema como afirmação, inscrição do desaparecimento, e o teatro como lugar em que essa afirmação se torna mobilização.

Ele deve, portanto, esforçar-se em garantir o estatuto do poema enquanto inscrição linguageira. A operação é difícil, pois transgride a dispersão do poema própria ao regime estético das artes, do qual seu poeta de referência, Mallarmé, é um eminente teórico. Igualmente, o texto que fixa o pensamento de Badiou sobre a dança é, de fato, um ajuste de contas com Mallarmé, em nome de Mallarmé. Em um texto célebre, este caracterizava a arte da dançarina como "poema liberado de todo aparato de escriba". Essa afirmação é paradoxal, diz-nos Badiou, pois "o poema é, por definição, um vestígio, uma inscrição, singularmente na concepção mallarmeana".[53] Eu diria, de minha parte, que essa "definição" e essa singularidade pertencem na verdade a Badiou e somente a ele. Pois o poema é constantemente dito e disposto por Mallarmé não como o vestígio de um acontecimento advindo, mas como o próprio ato de um rastro, de um traçado: o desdobramento de um aparecer e de um desaparecer que se coloca em analogia com o "tema" do poema: o movimento de um leque, de uma cabeleira, de uma cortina, de uma onda, o escoamento de ouro de um fogo de artifício ou a fumaça de um cigarro. É esse desdobramento em analogia que constitui o poema como efetividade da Ideia. Tira-se daí uma consequência, que Mallarmé tanto assume quanto afasta, a fim de preservar a "lucidez" do poema, a do pensamento posto em palavras. Essa consequência é precisamente a possibilidade de que o poema seja "liberado de todo aparato de escriba", que ele possa consistir na maneira como as pernas da dançarina iletrada traduzem, sem o saber, o devaneio do espectador que "deposita a seus pés" a flor. É que o poema se desenrola em passos, desdobra-se em tecidos, difrata-se em sons, reflete-se no ouro da sala e refrata-se na seda das golas.

---

[53] A. Badiou, *Petit manuel d'inesthétique*, op. cit., p. 104.

É de todos esses deslizamentos da desaparição, de todos esses brilhos da iridescência das asas do anjo, de todas essas dispersões de sua mensagem que Badiou quer preservar Mallarmé. Também corrige o texto do poeta para modificar seu sentido. Ao se dirigir ao seu duplo, o espectador sonhador, Mallarmé mostrava-lhe como a escrita dos passos da bailarina fazia analogia com a "nudez dos *teus* conceitos". Badiou transforma essa relação analógica de dois pensamentos em metáfora *do* pensamento "sem relação a outra coisa senão a si mesmo".[54] A dança exprime, diz ele, a nudez *dos* conceitos: não mais, portanto, como em Mallarmé, o esquema próprio ao "sonho" singular do espectador poeta, mas o modo mínimo de existência sensível das Ideias em geral. O distanciamento entre a *poiesis* e a *aisthesis* que define a verdadeira especificidade "moderna" do regime estético da arte se encontra assim reabsorvido. A dança se torna a manifestação da simples disposição dos corpos a acolher a passagem de uma ideia. Assim se estabelece, no lugar da analogia mallarmeana, uma hierarquia das formas da arte que assegura o estatuto da arte — e, antes de mais nada, do poema — como produtor de verdades que educam.

É preciso, para tanto, aliviar o *corpus* mallarmeano de todos esses leques, endereçamentos postais ou versos para embrulhar doces, que constituem seu maior peso.[55] Em seguida é preciso que a disposição do poema não seja a curva que os versos desenham, mas o protocolo de sucessão, de substituição e de inscrição de seus nomes. É preciso, enfim, pôr o poema mallarmeano sob a jurisdição de uma dupla afirmação que assegura, ao mesmo tempo, a autonomia irredutível do poema e a necessidade de uma filosofia que seja capaz de "discernir as verdades". Tal é o duplo axioma colocado por Badiou: primeiramente, o poema pensa-se a si mesmo num modo não reflexivo. Por ser não reflexivo, exclui todo poema do poema. Mas, por produzir seu pensamento, recusa a intervenção de uma filosofia que diria o seu pensamento. Em segundo lu-

---

[54] *Idem*, p. 105.

[55] Ver Mallarmé, *Vers de circonstance*, Bertrand Marchal (org.), Paris, Gallimard, coll. Poésie, 1996.

gar, a operação de pensamento do poema consiste precisamente em *extrair* seu próprio pensamento. Ele suscita, portanto, a tarefa filosófica de discernimento dessas verdades que subtrai. O segundo axioma reserva assim o pensamento do poema a uma filosofia que o primeiro oportunamente livrou de toda concorrência.

Mas o que, precisamente, é assim *discernido*, quer dizer, ao fim e ao cabo, *nomeado*? É sempre o estatuto do poema como afirmação e, concomitantemente, como metaforização do advento da Ideia. Se a dança é dita, por Badiou, metáfora do pensamento, manifestação da capacidade dos corpos para a verdade, pode-se dizer que para ele, Badiou, o estatuto geral das manifestações da arte consiste em significar e simbolizar uma passagem da ideia, mostrar que um corpo lhe é suscetível, que um lugar pode acolhê-la e que um coletivo ser capturado por ela. Badiou retoma assim, à sua maneira, o esquema hegeliano da arte simbólica. Como Hegel, ele distribui as artes segundo suas potências ascendentes de palavra. A arquitetura era, em Hegel, a primeira arte, arte muda que se esforça, em vão, para falar apenas por meio de sua elevação ao céu. O mesmo papel é preenchido, em Badiou, pela dança, cuja elevação mostra que pode haver pensamento nos corpos. A dança efetua essa tarefa ao mostrar que a terra pode se tornar ar. Mas, para Badiou, esse início da arte não pode ser uma linguagem muda. Deve ser já uma asserção. A metamorfose da terra em ar é uma *nominação* da terra.[56] Precisamos entender aqui o duplo sentido da palavra. O movimento que eleva a terra ao designá-la é o que permite à dança ser elevada dentre as artes, nomeada ao patamar de arte, ainda que no degrau mais baixo da escala em cujo topo reina o poema como inscrição do nome.

É preciso, para tanto, lastrear o poema à afirmação do nome, arrancar suas palavras desse destino de circulação entre fósseis e hieróglifos, entre corpos gloriosos e movimento de leque, entre pinturas idiotas e canto dos povos, para onde o regime *estético* do

---

[56] "Sim, a dança é mesmo, a cada vez, um novo nome que o corpo dá à terra." Alain Badiou, *Petit manuel d'inesthétique*, op. cit., p. 111. Seria interessante confrontar essa *nominação* da terra com o pensamento heideggeriano do poema.

poema não deixou de levá-lo para passear, de Novalis a Proust ou de Balzac a Mallarmé e Rimbaud, fazendo-o passear ao mesmo tempo através da música, da pintura e da dança, mas também da tipografia, das artes decorativas ou da pirotecnia. Badiou remete o poema à ordem platônica do *logos*. Ele faz desse *logos* uma máxima própria a suscitar a coragem do pensamento em geral. O poema torna-se assim uma orientação para o pensamento, e é conhecido o gosto de Badiou por essas máximas que ele extrai dos poemas, dando-lhes um valor geral, como, por exemplo: "Nós te afirmamos, Método!" (Rimbaud), ou "Sobre inconsistências se apoiar" (Pessoa).[57] Mas ele exclui, ao mesmo tempo, que o poema seja autossuficiente na orientação do pensamento. É, portanto, à filosofia que cabe discernir as orientações que dita o poema. Isso implica que a inscrição do nome e a proliferação da máxima sejam postas como o efeito da forma-poema. Essa forma deve assim ser remetida a um dispositivo de nominações e é esse dispositivo que é posto como o *pensamento* que o poema extrai. Em boa lógica althusseriana, a filosofia é então convocada para discernir essas verdades que o poema coloca na forma de enigma, ao risco de encontrar ali, milagrosamente, suas próprias verdades — as mesmas das quais ela se diz desprovida. É assim que ela [a filosofia] reconhece que o "dever" da "família dos iridescentes" (Mallarmé, "Prose — pour Des Esseintes")[58] não é senão o "dever do pensamento", e que o dever do pensamento é "decidir no ponto da indecidibilidade", e que é precisamente essa exigência de decisão sobre o indecidível que está lançada na questão de saber se um transatlântico naufragou na costa ou se a espuma atesta apenas a fuga

---

[57] Trata-se de verso do poeta romeno, radicado na França, e de língua alemã, Paul Celan (1920-1970), que, por sua vez, verteu Fernando Pessoa para o alemão. (N. da T.)

[58] Apesar de seu título, "Prosa", este é um poema em versos, de 1885, dedicado a Jean Floressas des Esseintes, o herói decadente do romance *À rebours* (1884), de J. K. Huysmans. No original, os termos citados por Jacques Rancière encontram-se nesta estrofe: "Gloire du long désir, Idées/ Tout en moi s'exaltait/ De voir la famille des iridées/ Surgir à ce nouveau devoir". (N. da T.)

de uma sereia que veio rir debaixo de nosso nariz (Mallarmé, "A la nue accablante tu").[59] Numa tacada, o poema mallarmeano, que já é uma alegoria do poema, torna-se, em Badiou, uma alegoria do acontecimento em geral e da coragem do pensamento que sustenta sua comprovação. Todos os poemas dizem assim uma única e mesma coisa. Cada poema é comparável a qualquer outro poema que se deixe dobrar pela mesma demonstração, assinalar a mesma tarefa de falar duas vezes, de dizer duas vezes o mesmo acontecimento da Ideia, como máxima afirmativa e como enigma subtrativo.

O poema é, então, propriamente, uma *mimesis* da Ideia, cumprindo ao mesmo tempo sua vocação ética platônica de afirmação e sua vocação estética hegeliana de dissimulação do pensamento. Esse duplo dizer permite afastar o poema — e, portanto, o pensamento e sua coragem — ao mesmo tempo do atolamento romântico no húmus dos fósseis e da evanescência simbolista dos movimentos de leque. Badiou pretende evitar que o poema seja "poema do poema" e que a filosofia seja a filosofia do poema. Porém ele só o evita em aparência. Pois o enigma conduz, em sua análise, à metáfora em que a filosofia reconhece em imagem o "pensamento do poema", o pensamento do acontecimento de verdade, que ela encontra duas vezes dito pelo poema: na afirmação da máxima e na transparência da metáfora, que um córrego mais profundo do que de costume, continuamente atravessado, separa uma da outra. O nó — a sutura, diria ele — da filosofia com o poema opera-se então por sua própria negação. O poema diz somente o que a filosofia necessita que ele diga e que ela finge descobrir na surpresa do poema. Esse nó negado, esse laço por denegação não é uma inadvertência. É a única maneira pela qual Badiou pode assegurar a coincidência necessária e impossível entre duas exigências contraditórias: a exigência platônica/antiplatônica de um poema educador da coragem da verdade e a exigência modernista da autonomia da arte.

---

[59] Ver Alain Badiou, *Conditions*, Paris, Le Seuil, 1992, pp. 108 ss. [O poema de Mallarmé, na tradução de Décio Pignatari: "Ante a opressão da nuvem mudo".]

Podemos generalizar para todo o seu sistema o que Badiou nos diz a propósito da dança. Quando ele isola seus princípios, sublinha que se trata não da dança "ela mesma", de sua técnica e de sua história, mas da dança "tal como a filosofia lhe dá abrigo e acolhida".[60] Para ele, não há verdades da dança senão ao abrigo da filosofia, ou seja, no nó da dança com a filosofia. Pode-se objetar que tal proposição é específica da dança, e que, precisamente, a dança, para Badiou, não é verdadeiramente uma arte. Também a filosofia pode e deve a ela se ligar para extrair de seus *movimentos* os *signos* de uma disposição nativa dos corpos à verdade. Mas podemos tomar o problema inversamente, interrogando-nos sobre o lugar dessa "arte que não é arte". Nós nos perguntaremos então se a classificação das artes própria a Badiou não é feita precisamente para assegurar o "próprio" imaculado da arte e a pureza de cada arte, condenando a uma prisão domiciliar, nas fronteiras, o nó entre a arte e o que ela não é — que se trate da filosofia ou da miséria do mundo. Perguntaremos, no mesmo gesto, se não é mesmo dessas fronteiras que se desenvolvem tensões próprias a pôr em questão o nó do platonismo e do modernismo que o termo "inestética" condensa. O sistema das artes em Badiou aparece, de fato, como uma fortaleza bem protegida, protegida por aqueles que ela põe na porta — na *sua* porta —, aqueles que suportam toda a miséria da não-arte e os equívocos do nó, e assim preservavam o vazio do lugar central onde reina a pureza virginal do poema. Mas essas obscuras negociações de fronteiras ensejam talvez uma nova confrontação do pensamento de Badiou com a vulgata modernista.

Essa tensão é sensível, já o vimos, nas análises sobre a dança. De um lado, o "abrigo" filosófico que lhe é dado é uma maneira de levar o ferro da separação ao seio mesmo da analogia mallarmeana da dança e do poema. Porém, ao mesmo tempo, o nó assim *declarado* dos "movimentos" de uma arte e dos "conceitos" da filosofia coloca novamente em questão todo o edifício da denegação. Ele faz uma volta sobre o "centro" e impõe uma reconsidera-

---

[60] A. Badiou, *Petit manuel d'inesthétique, op. cit.*, p. 99.

ção do nó *estético* das produções da arte e das formas do pensamento da arte. Os conceitos que Badiou recentemente acrescentou a seu sistema, quer se trate da noção geral de *configuração* para pensar o sujeito da arte,[61] ou da noção específica de *impurificação* aplicada ao cinema, são algumas das maneiras de retomar as oposições próprias ao pensamento modernista. A noção de configuração, inicialmente introduzida a propósito do cinema, impõe assim uma nova disposição das relações entre o poema e seu pensamento, um reexame da teoria "relativa ao acontecimento"[62] do poema. Significativamente, o primeiro exemplo de configuração/sujeito que nos propõe o *Pequeno manual de inestética* é a "tragédia", que ele nos mostra iniciada pelo acontecimento nomeado Ésquilo e que encontra sua saturação em Eurípides. Essa configuração poética é muito claramente uma configuração de nó: é a "tragédia grega", tal como a filosofia, de Schelling a Nietzsche e Heidegger, lhe deu o "abrigo" de seus conceitos, a tragédia grega como conceito da filosofia — e também como matéria-prima da arte moderna chamada "encenação".

Mas o exemplo mais claro desse borrar das oposições modernistas concerne ao cinema e sua "impureza". Badiou atribui ao cinema a proteção das fronteiras da arte e da não-arte das quais eu falava. Desempenha aí o papel de porteiro/segurança/filtro. Mas é também, para ele, a testemunha específica de uma crise — ou, em seus termos, de uma saturação — do paradigma modernista da separação da arte e da não-arte. Houve, ele nos diz, duas grandes eras do cinema, uma era representativa hollywoodiana e uma era

---

[61] No original, *le sujet de l'art*. Como a filosofia de Alan Badiou se reivindica uma filosofia do sujeito, composto por e imanente a acontecimentos, sendo-lhes posterior, a proximidade de sentido se dá com uma "configuração", um efeito produzido e vivido — não se tratando de perspectiva representacional, quer dizer, temática e exterior (ou, ainda, meramente ilustrativa). Ou seja, por mais que o termo *sujet*, em francês e outras línguas, possa ser traduzido por não só por "sujeito", mas também por "tema", aqui a pretensa ambiguidade se desfaz no contexto do pensamento de Badiou. (N. da T.)

[62] Ou "acontecimental", neologismo referente ao termo francês *événementiel*; outros tradutores optam por "eventual". (N. da T.)

moderna do cinema antinarrativo, antirrepresentativo, a qual se sucede, hoje, uma terceira era na qual paradigma discernível algum prescreve a "artisticidade"[63] do cinema. Pode-se discutir essa periodização, pois o corte simples da *mimesis* e da anti-*mimesis* oculta o paradigma antirrepresentativo inicial sob o qual o cinema fora declarado como arte, antes de sua normalização hollywoodiana: o da presença direta da Ideia no movimento dos corpos e das imagens, que seus teóricos tinham extraído de Mallarmé e da dança. Pode-se objetar a isso igualmente que os paradigmas claros, como as "grandes narrativas", são visões retrospectivas, dissimulando os jogos de paradigmas opostos que construíram o dinamismo efetivo da arte no século XX. O que Badiou descreve é simplesmente o que outros chamariam de uma era pós-moderna do cinema (e o "pós-modernismo" não é nada mais do que a constatação desencantada da inconsistência do paradigma modernista em vista da realidade das misturas estéticas). Mas o interessante é o retorno tácito que esse diagnóstico o obriga a fazer sobre a própria partilha das eras representativa e antirrepresentativa, ao afirmar que o cinema não diz respeito a partilhas internas da arte, pois não é verdadeiramente uma arte, ou então porque é uma arte totalmente particular: uma arte impura, ou uma arte da impureza, a arte da mistura em geral, a que é feita da mistura das outras artes (romance, música, pintura, teatro). Por um lado, ele retoma assim uma tese de André Bazin;[64] mas, por outro, a radicaliza. O cinema, para ele, não é feito somente da mistura das outras artes. Ele tem como tarefa própria *impurificá-las*.

Essa atribuição de um "próprio" impróprio[65] do cinema é uma forma bastante específica de exclusão do impuro, quer dizer,

---

[63] Do francês *articité*, ou "caráter artístico". (N. da T.)

[64] André Bazin, "Pour un cinéma impur: défense de l'adaptation", in *Qu'est-ce que le cinema?*, Paris, Le Cerf, 1997, pp. 81-106 [ed. bras.: "Por um cinema impuro: defesa da adaptação", in *O que é o cinema?*, tradução de Eloisa Araújo Ribeiro, São Paulo, Cosac Naify, 2014].

[65] No original, "d'un 'propre' impropre", que pode ser entendido também como "de um 'próprio' impuro". Em seu *Pequeno manual de inestética*,

na realidade, da estética enquanto regime da indistinção da arte e das artes. Badiou encarrega uma arte fronteiriça de conter todas essas "impurificações", todos esses deslizamentos que — desde que Mallarmé e alguns outros estabeleceram seu programa de pensamento — invadiram o campo das artes, borrando as fronteiras entre a exibição da palavra e a dança ou o circo, entre a pintura e a escultura, a fotografia ou a arte das projeções luminosas. Claro que a "impurificação" cinematográfica tem seus precursores. Foi, inicialmente, essa ópera que fora inventada como restauração da tragédia grega antes de se tornar obra de arte total ou de emprestar seu nome à *soap-opera*.[66] Foram, em seguida, todas essas "impurificações" da arte dramática — montagens de textos e montagens de equipamentos urbanos, ringues de boxe, pistas de circo, coreografias simbolistas ou biomecânicas — através das quais o teatro — sob esse nome ou o de encenação — declarou-se como arte autônoma. Essas "impurificações" constituíram elas próprias o terreno onde se formaram muitos dos esquemas da montagem, do jogo e da visualidade cinematográficos. Badiou deve cortar o interior mesmo de todos esses dispositivos mistos para assinalar ao impuro um lugar fronteiriço. Deve excluí-los do teatro a fim de fazer deste o puro "lugar" para a "fórmula", e da encenação a efemerização aleatória pela qual o eterno da Ideia presente ao texto se torna convocação coletiva das coragens latentes. Deve concentrar a impureza no domínio do cinema. Só assim reconhece, para logo relegá-la às margens da arte, a impureza — ou a confusão — constitutiva desse regime estético das artes pelo qual unicamente existe a singularidade da arte.

A mesma questão está presente na outra função que Badiou assinala à arte impura do cinema: depurar o que pode ser depurado da não-arte. A impurificação "formal" das outras artes é, se-

---

Alain Badiou caracteriza o cinema como uma arte impura, ou seja, depende necessariamente de elementos que lhe são exteriores, desde as particularidades das demais expressões artísticas até o financiamento da produção. Esta, assim, seria uma de suas especificidades, ou, dito de outra maneira, seu caráter "próprio". (N. da T.)

[66] Em inglês no original; no Brasil, "telenovela". (N. da T.)

gundo ele, o meio pelo qual o cinema depura sua própria impureza: depura assim toda a imageria, todos os estereótipos da visualidade que constituem sua matéria-prima. O cinema assim concebido divide-se em dois: é arte conquanto depure os estereótipos visuais que o constituem como espetáculo, no sentido de Guy Debord, como forma de comércio das imagens e de circulação dos estereótipos sociais da visualidade, por exemplo, hoje, os estereótipos da pornografia, da velocidade, da catástrofe ou do virtual. Mas, por isso mesmo, opera em geral a depuração da não-arte. Faz fronteira e passagem, ao filtrar o que, da não-arte, pode passar à arte.

Ainda aqui, Badiou encontra uma lei geral do regime estético das artes, mas não a reconhece senão na única espécie cinematográfica, e tenta repeli-la às fronteiras da arte. O que ele diz do cinema também seria aplicado à literatura — que Badiou, como *teórico*, só identifica sob o nome do poema. Pois essa, compreendida em sua impropriedade constitutiva, ensejou um processo exemplar de negociação da fronteira indiscernível e sempre a retraçar-se entre a arte e a não-arte. O próprio Badiou faz alusão, a propósito da impureza cinematográfica, a essas "pinturas idiotas" em que Rimbaud procurava o ouro do poema novo. Mas pode-se pensar também em Balzac e na maneira como ele "impurifica" o belo escoar da prosa narrativa, com a importação de uma "impurificação" da pintura, fazendo nascer uma narrativa desse retrato de gênero à maneira holandesa, do qual se sabe, por Hegel e alguns outros, o papel central que ele desempenhou no nó estético do pensamento e da imagem. Sabe-se também que essa impurificação da prosa por meio da pintura e da pintura por meio da prosa serve, em Balzac, a um processo de "purificação" que está sempre nos limites do indiscernível, que retrabalha e realoca os estereótipos do romance-folhetim, mas também os estereótipos desse modo de visualidade imaginária ilustrado pelas *Fisiologias* de seu tempo, essa apresentação que a sociedade se dá de si mesma e da distribuição dos tipos que a constituem. A dualidade do cinema como arte e não-arte, impurificador e depurador, abre-se de fato para a longa história das trocas entre arte e não-arte que define o regime estético da arte. Ao tentar se proteger disso, a *inestética* inicia talvez assim um novo diálogo com a estética. Ela recoloca em questão, senão em causa, as operações pelas quais quis recusar a lógica do regime estético das artes.

A *inestética* nos aparece então como o nome comum, o nome homônimo e ambíguo de três processos pelos quais o platonismo moderno de Badiou se confronta com os equívocos da homonímia da arte. *Inestética* nomeia de início as operações de assimilação, as operações de dissociação da lógica do regime estético das artes, através das quais o "platonismo do múltiplo" constrói-se como pensamento da arte. Ela nomeia as operações pelas quais Badiou quer arrancar as "verdades" da arte — quer dizer, do poema — à indistinção do universo metamórfico no qual o regime estético entrelaça as formas da arte, as formas da vida e as formas do pensamento da arte. *Inestética* designa, em segundo lugar, a necessidade torcida segundo a qual essas linhas de partilha pelas quais o platonismo das verdades se aparta do platonismo estético vêm coincidir com aquelas pelas quais o *modernismo* quer assegurar o "próprio da arte", ao encontro de sua indistinção estética, a maneira pela qual a heteronomia platônica da arte vem se ajustar ao dogma modernista de sua autonomia. Mas *inestética* designa talvez também um terceiro processo, que conclui e recoloca em questão os dois primeiros. Ela designa o movimento pelo qual a atribuição dos lugares da arte, do ainda não-arte e da arte/não-arte recoloca em jogo aquilo mesmo a que se prestava e abre o que fechava, reatando a arte à não-arte e ao discurso sobre a arte. Dito isso, *inestética*, então não seria mais simplesmente a tradução nos termos de Badiou do acabamento antiestético do modernismo. Poderia ser o nome de uma rediscussão do "próprio" da arte e da homonímia da arte. Seria, na contramão do ressentimento antiestético e da tolice pós-moderna, o lugar e o tempo de um requestionamento do nó modernista do pensamento da arte, em Badiou, de uma reconsideração das falsas evidências da identificação da arte e de seu homônimo.

Não parece, todavia, que o inestético, tal como o compreende Badiou, vá nessa direção. O "Manifesto do afirmacionismo", que representa a síntese atual de sua visão da arte, mostra-o mais preocupado em reafirmar um "próprio da arte" submetido à visão educadora conferida por ele. Nessa direção, a inestética não pode encontrar senão a antinomia dominante do modernismo. Essa antinomia é simples de se formular: quanto mais se acentua o próprio da arte, mais se é levado a assimilar esse "próprio" à experiência de uma heterogeneidade radical, cujo modelo último é o choque do encontro com Deus que faz Paulo literalmente cair do cavalo ou fala a Moisés no meio do nevoeiro. "A arte que é e que vem deve ser tão solidamente amarrada como uma demonstração, tão surpreendente quanto um ataque noturno e tão elevada quanto uma estrela", afirma o "Manifesto".[67] Essa fórmula, com certeza, não tem nada de uma aproximação retórica. Ela aponta exemplarmente o cerne da problemática de Badiou: a dupla transformação do corte revolucionário em encontro lacaniano com o rosto da Górgona e do encontro com a Górgona em apelo platônico da Ideia. Para postular a identidade entre a arte que é e aquela que deve ser, é preciso fazer da arte a pura experiência do imperativo ditado pelo encontro fulminante com o Outro. Sobre esse ponto, o golpe platônico da Ideia afirmado pela inestética concorda com o comando do Outro, reivindicado pela estética do sublime. Uma e outra só isolam a arte da estética para a inclinar em direção à indistinção ética.[68]

---

[67] Alan Badiou, *Circonstances II*, Paris, Leo Scheer, coll. Lignes, 2004, p. 103. (Uma primeira versão, de espírito mais polêmico, tinha sido publicada com o título "Esquisse pour un premier manifeste de l'affirmationnisme", in Ciro Giordano Bruni [org.], *Utopia 3: la question de l'art au troisième millénaire*, Paris, GERMS, 2002.)

[68] Uma primeira versão desse texto foi apresentada no colóquio sobre o pensamento de Badiou, organizado em Bordeaux em outubro de 1999, e publicada na coletânea de artigos do colóquio editada por Charles Ramond, com o título *Alain Badiou: penser le multiple* (Paris, L'Harmattan, 2002).

LYOTARD E A ESTÉTICA DO SUBLIME:
UMA CONTRALEITURA DE KANT

"Há um século, as artes não têm mais o belo como questão principal, mas algo relacionado com o sublime."[69] Essa frase curta poderia resumir a tese de vários textos que Jean-François Lyotard, em *L'Inhumain*, dedica à arte, às vanguardas e a seu devir. Ela opera uma discriminação radical no interior da *Crítica da faculdade de julgar* de Kant. Por um lado, a estética do belo seria mantida no universo clássico do juízo do gosto e do Belo ideal. Mas a emergência de um público neófito de exposições e salões, que ignora as regras da arte e dos princípios do gosto, arruinaria efetivamente toda legislação desse universo, obrigando a crítica kantiana a elaborar alguns monstros conceituais: universalidade sem conceito, finalidade sem fim ou prazer desprovido de interesse. Já a estética do sublime, por outro lado, valorizaria a ruptura entre a materialidade sensível da arte e a lei do conceito. Ela fixaria adequadamente a tarefa das vanguardas pictural e musical: testemunhar a existência do irrepresentável. A essa tarefa negativa da arte, Lyotard opõe o niilismo positivista da estética que desfruta, sob o nome de cultura, dos ideais arruinados de uma civilização. O combate do niilismo estético do belo contra a arte testemunha do sublime é ilustrado por formas da pintura como o transvanguardismo ou o neoexpressionismo que retornam à figuração ou misturam motivos figurativos com motivos abstratos.

---

[69] Jean-François Lyotard, *L'Inhumain*, Galilée, 1988, p. 147 [ed. port.: *O inumano*, 2ª ed., tradução de Ana Cristina Seabra e Elisabete Alexandre, Lisboa, Estampa, 1997].

Essa referência ao sublime kantiano coloca, de saída, um problema simples de ser enunciado. Do ponto de vista de Kant, a própria ideia de uma arte do sublime aparece como contraditória. O sublime não designa, para ele, os produtos da prática artística. Mesmo quando é experimentado diante da Basílica de São Pedro em Roma ou das Pirâmides, o sentimento do sublime não se dirige à obra de Michelangelo ou àquela do arquiteto egípcio. Ele traduz simplesmente a inaptidão da imaginação de abarcar o monumento como totalidade. Essa incapacidade da imaginação de apresentar uma totalidade à razão, assim como o seu sentimento de impotência diante da natureza enfurecida, obriga-nos a passar do domínio da estética para o da moral. Ela é um signo que recorda à razão sua própria potência superior à natureza e sua destinação de legisladora na ordem suprassensível. Como, então, pensar uma arte sublime? Como definir como característica de uma arte o que marca, inversamente, a ultrapassagem do domínio da arte, a entrada no universo ético?

Lyotard não ignora, evidentemente, o problema. Mas ele coloca-o apenas para melhor suprimi-lo. "O sublime", diz ele, "não é nada além do que o anúncio sacrificial da ética no campo da estética."[70] E ele deduz disso a pergunta: "O que é uma *arte*, pintura ou música, uma arte e não uma prática moral, no âmbito de um tal desastre?".[71] Será preciso retornar aos termos "sacrifício" e "desastre". Mas é preciso, antes de mais nada, notar o giro próprio à formulação do problema. A pergunta esperada seria esta: *existe* uma arte possível sob a categoria do sublime? Lyotard substitui essa pergunta por outra: *qual arte* é possível sob essa categoria? Quais são as propriedades da arte sublime como "arte do desastre"? A pergunta colocada é, pois, uma resposta antecipada. E essa resposta substancializa de antemão a ideia de uma arte do sublime.

---

[70] J.-F. Lyotard, *L'Inhumain*, op. cit., p. 149.
[71] *Idem*, p. 150.

Sem dúvida, a transformação do sentimento sublime em forma de arte não é em si mesma uma novidade. Hegel tinha já substancializado o sublime kantiano como propriedade da arte. Ele não apenas definiu uma arte sublime, como também fez da desproporção entre a faculdade da apresentação sensível e a Ideia, o próprio princípio do que ele nomeia mais geralmente como arte simbólica: a arte cuja ideia não chega a determinar-se suficientemente para traduzir-se adequadamente em uma materialidade sensível. Mas o desacordo sublime permanece para ele próximo de sua origem kantiana. Trata-se de um desacordo entre as "faculdades", um desacordo na ideia que o artista procura traduzir nas palavras ou na pedra. É nesse ponto que o sublime lyotardiano distingue-se dos seus predecessores. Sua potência quer ser aquela do próprio sublime. À arte do belo que impunha uma forma a uma matéria opõe-se uma arte do sublime cujo trabalho consiste em se aproximar da matéria, "aproximar-se da presença sem recorrer aos meios da representação".[72] Trata-se, portanto, de afrontar a própria alteridade da matéria sensível. Mas como pensar essa alteridade? Lyotard lhe dá dois traços essenciais. Em primeiro lugar, a matéria é *pura diferença*. Entendamos por isso uma diferença sem determinação conceitual, como o timbre ou o matiz cuja singularidade se opõe aos jogos de diferenças e de determinações que regem a composição musical ou as harmonias das cores. Ora, Lyotard dá a essa diferença material irredutível um nome inesperado: ele a chama de "imaterialidade".

Essa "matéria imaterial" pode nos trazer recordações. Ela recorda o grande tema que atravessou o pensamento artístico entre a era simbolista e a era futurista: a matéria tornada pura energia, semelhante à potência imaterial do pensamento; a luz da Ideia confundida com o lampejo imaterial da eletricidade. Ela evoca também a insistência da fenomenologia na fulgurância do *há*, no acontecimento invisível de uma presentificação. Mas a análise de Lyotard tem uma finalidade mais específica. Ela visa transferir para o

---

[72] *Idem*, p. 151.

acontecimento material as propriedades que Kant conferia à forma. Ora, a forma, na *Analítica do belo* kantiana, era caracterizada por sua indisponibilidade. O juízo estético reportava-se a uma forma que não era mais a forma conceitual que impunha sua unidade ao diverso da sensação. O belo assim o era desde que não fosse nem um objeto de conhecimento, que submete a sensação à lei do entendimento, nem um objeto de desejo, que submete a razão à anarquia das sensações. Esse *nem... nem...*, essa indisponibilidade da forma para a faculdade de conhecer como para a faculdade de desejar permitia ao sujeito experimentar, no livre jogo das faculdades, uma forma nova de autonomia.

Esse é o mesmo estatuto que Lyotard reivindica para o timbre ou a cor. Sabe-se que esses colocavam um problema para Kant: como determinar se o prazer que eles proporcionam depende do puro agradável sensível produzido pelas vibrações em nossos sentidos ou depende da percepção formal de sua regularidade? A análise de Lyotard aparece como uma resposta radical a essa dificuldade. Ela reivindica muito simplesmente, para o timbre e a cor, a indisponibilidade da forma estética. A autonomia experimentada pelo sujeito kantiano diante da forma livre é colocada, por Lyotard, no acontecimento da própria sensação. Esse deslocamento poderia, de início, recordar essa insistência na presença sensível singular que a vulgata modernista opõe à representação. A matéria seria, então, a qualidade singular "da porosidade de uma pele ou de uma madeira; da fragrância de um aroma; do sabor de uma secreção ou de uma carne, assim como de um timbre ou de um matiz". Muito rapidamente, entretanto, parece que não é nada disso: "Todos esses termos são intercambiáveis", diz-nos Lyotard, "todos eles designam o acontecimento de uma paixão, de um padecer para o qual o espírito não terá sido preparado, que o terá desamparado e do qual ele conserva apenas o sentimento, angústia e júbilo, de uma dívida obscura".[73] Tal é o segundo caráter da matéria: não sua singularidade sensível, mas seu poder de fazer pade-

---

[73] *Idem*, p. 153.

cer. Sua "imaterialidade" não reside em nenhuma qualidade sensível particular. Ela reside apenas no que é comum a todas elas: todas são "o acontecimento de uma paixão". A qualidade própria do timbre ou do matiz, da porosidade da pele ou da fragrância do aroma é indiferente. Importa unicamente seu poder comum, o de "desamparar" o espírito, de colocá-lo em dúvida.

Se o primeiro caráter da matéria, sua imaterialidade, era tomado de empréstimo por Lyotard à analítica kantiana do belo, o segundo vem claramente da analítica do sublime. Após ter conferido ao timbre e ao matiz a autonomia da forma, Lyotard lhes confere a potência disruptiva do informe, a discordância específica da experiência do sublime. O *aistheton* é, então, duas coisas em uma. Ele é pura materialidade e é signo. A pura paixão do acontecimento sensível é, ao mesmo tempo, o signo de uma realidade que se faz conhecer por meio dele. O timbre musical ou o matiz de cor desempenham o papel que Kant reservava à Pirâmide ou ao mar revolto. Eles assinalam uma incapacidade do espírito de capturar um objeto. Mas a lógica dessa impossibilidade é diametralmente oposta ao que ela era em Kant. Para esse último, era a imaginação que se mostrava impotente para dominar a forma ou a potência sensível de exceção à qual ela era confrontada. Ela não podia oferecer à razão a representação do todo que essa lhe reclamava. A "maior faculdade sensível" traía, assim, sua impotência em dar uma forma sensível às Ideias da razão. Mas assim ela provava duplamente o poder da razão: essa podia atravessar os limites da experiência sensível e exigir da imaginação o que essa era impotente para fazer. A incapacidade experimentada pela faculdade sensível do sujeito atestava a presença nele de uma "faculdade sem limites".[74] A desordem da imaginação revelava ao espírito sua vocação suprassensível. E essa revelação conduzia da autonomia do livre jogo estético das faculdades a uma autonomia supe-

---

[74] Immanuel Kant, *Critique de la faculté de juger*, tradução francesa de A. Philonenko, Vrin, 1979, pp. 97-8 [ed. bras.: *Crítica da faculdade do juízo*, 2ª ed., tradução de Valério Rohden, Rio de Janeiro, Forense, 2015].

rior: a autonomia da razão legisladora na ordem suprassensível da moral.

Lyotard inverte estritamente essa lógica. A impotência experimentada na experiência do sublime é aquela da razão. Essa experimenta ali sua incapacidade de "aproximar-se da matéria", ou seja, de dominar o "acontecimento" sensível de uma dependência. O que a experiência sublime ensina é que "a alma vem à existência sob a dependência do sensível, violentada, humilhada. A condição estética é o assujeitamento ao *aistheton*, sem o qual seria a anestesia. Ou despertada pelo espanto do outro, ou aniquilada [...] ela fica presa entre o terror de sua morte ameaçadora e o horror de sua existência servil".[75] Mas é preciso entender que essa não é a única coação sensível que se impõe. Como em Kant, a experiência sensível do sublime é signo de outra coisa. Ela introduz a relação do sujeito com a lei. Em Kant, a falha da imaginação introduz a lei da autonomia do espírito legislador. Em Lyotard, a lógica é estritamente invertida: o assujeitamento ao *aistheton* significa o assujeitamento à lei da alteridade. A paixão sensível é a experiência de uma "dívida". A experiência ética consiste em um assujeitamento sem recurso à lei de um Outro. Ela manifesta a servidão do pensamento em relação a uma potência interior ao espírito, e que lhe é anterior, que ele se esforça em vão por dominar.

Seria fútil concluir que Lyotard leu mal ou compreendeu mal Kant. Sem dúvida, é mais adequado perguntar por que ele lê assim. Mas a primeira pergunta a ser colocada é muito simplesmente esta: por que ele tem necessidade de Kant? Por que ir buscar nos textos kantianos aquilo que é tão pouco provável de encontrar ali: uma teoria da vanguarda artística, uma tarefa atribuída a essa vanguarda de atestar a miséria do sujeito, uma ideia da lei moral como lei de heteronomia? Tal é, efetivamente, o paradoxo apresentado pela teoria lyotardiana do sublime. Ela inscreve-se no pro-

---

[75] Jean-François Lyotard, *Moralités postmodernes*, Paris, Galilée, 1993, pp. 205-6.

longamento da tradição modernista que encarregava a vanguarda de preservar a novidade artística de todo retrocesso em direção a fórmulas ultrapassadas, de todo compromisso com as formas da estetização mercantil. Nos anos 1980, Lyotard considerava que a tarefa das vanguardas consistia em recusar o ecletismo das novas tendências picturais que misturavam em suas telas motivos abstratos e motivos figurativos. Mas o que fundamenta essa salvaguardada tarefa das vanguardas é uma ideia da arte destinada a testemunhar a dependência imemorial do espírito em relação a essa potência incontrolável que Lyotard, seguindo Lacan, nomeia "a Coisa".

Como pensar esta conjunção paradoxal entre a marcha para a frente de uma revolução artística que exclui todo retorno a formas antigas e o dever confiado à arte de testemunhar uma servidão imemorial e insuperável? Para compreender sua lógica, é preciso entrar no detalhe da argumentação de Lyotard contra uma de suas formas picturais que misturam sem vergonha os motivos figurativos e abstratos, o transvanguardismo: "Misturar sobre uma mesma superfície os motivos neo ou hiper-realistas, líricos ou conceituais, significa que tudo se equivale porque tudo é bom para consumir. Isso é uma tentativa de estabelecer e aprovar um novo 'gosto'. Esse gosto não é um gosto. O que é solicitado pelo ecletismo são os hábitos do leitor de revistas, as necessidades do consumidor das imagens industriais padrão, o espírito do cliente dos supermercados. Esse pós-modernismo, na medida em que exerce, pelos críticos, os conservadores de arte, os diretores de galerias e os colecionadores, uma forte pressão sobre os artistas, consiste em alinhar a pesquisa pictural sobre o estado de fato da 'cultura' e em desresponsabilizar os artistas em relação à questão do impresentável. Ora, aos meus olhos, essa é a única questão digna dos desafios de vida e de pensamento no século que vem".[76]

O que permite determinar que um gosto *não é* um gosto? A resposta dada por Lyotard é a seguinte: se for um gosto, o dever

---

[76] J.-F. Lyotard, *L'Inhumain*, op. cit., p. 139.

histórico da arte e nossas próprias tarefas de pensamento para o século por vir estão perdidos. Em resumo, não é um gosto porque não *deve* ser um. A forma do argumento é facilmente reconhecível. Ela vem em linha reta de Adorno. A polêmica de Lyotard contra o ecletismo pictural retoma estritamente aquela de Adorno contra o ecletismo musical, e suas frases ecoam aquelas que a *Filosofia da nova música* dedica a esses acordes de sétima diminuta que não podem ser suportados pelas orelhas formadas na música, "a menos que tudo seja uma fraude". Declarando ser impossível misturar o abstrato e o figurativo em uma tela, Lyotard segue a tradição desse marxismo que, em Adorno ou Clement Greenberg notadamente, ligou a autonomia radical da arte à promessa de uma emancipação política e social. Vimos como essa tradição constantemente defendeu, contra as oposições entre a arte pela arte e a arte engajada, uma outra ideia da politicidade da arte: a arte é política contanto seja apenas arte. E ela é arte unicamente contanto produza objetos que difiram radicalmente, por sua textura sensível e seu modo de apreensão, do estatuto dos objetos de consumo.

O recurso a Kant impõe-se justamente para pensar essa diferença de estatuto sensível. O belo, ele afirmava, deve ser igualmente separado do bem, que depende do conceito, e do agradável, que depende da sensação. As obras de arte, afirmam por seu lado Adorno ou Lyotard, não devem ser agradáveis. Elas devem ser indisponíveis para o desejo que se dirige aos objetos de consumo. E em razão mesmo dessa indisponibilidade, elas produzem um bem específico. A arte é uma prática do dissenso e é por esse dissenso, e não por estar a serviço de uma causa, que as obras de arte recebem sua qualidade própria e se ligam a um bem externo: emancipação por vir (Adorno) ou resposta a uma urgência do século (Lyotard).

Mas, entre Adorno e Lyotard, uma inversão se produz. Para o primeiro, o dissenso chama-se "contradição". A contradição interna é o que opõe as produções da arte ao ecletismo que governa a estética mercantil. Ela dota a obra de uma dupla propriedade: um poder e uma falta de poder — um poder de autossuficiência que se opõe à heteronomia mercantil, e uma falta de poder, uma insuficiência que lhe interdita ser complacente nessa autossuficiência e torna-a uma espécie de testemunha da alienação constitutiva que separa o trabalho do gozo. Em Lyotard, a arte é sempre encarregada de constituir um mundo sensível específico, separado daquele que governa a lei do mercado. Mas esse dissenso não se chama mais contradição. Ele se chama, doravante, "desastre". E o desastre é original. Ele é a testemunha de uma alienação que não tem mais nada que ver com a separação capitalista do prazer e do gozo, mas que é o simples destino de dependência próprio ao animal humano. A vanguarda tem como única responsabilidade carregar indefinidamente a sua memória.

Percebemos, portanto, a lógica dessa contraleitura, que faz do sublime kantiano o princípio conjunto da vanguarda artística e da lei ética de heteronomia. Mas para compreender plenamente o seu sentido, é preciso reconstituir a cadeia de interpretações da qual ela é o último elo. É preciso lê-la, por nosso lado, como um tipo de palimpsesto que retorna para apagar uma primeira leitura de Kant e a "política" que estava incluída ali. A análise da tarefa da arte como inscrição do choque do *aistheton* e desse próprio choque como testemunha indelével de uma "condição servil" aparece, então, como a exata inversão da promessa de liberdade nova que Schiller tinha visto na suspensão do "estado estético".

As *Cartas sobre a educação estética do homem* colocavam, de fato, no coração de sua análise a dupla negação que caracteriza o julgamento estético kantiano. Esse não está submetido *nem* à lei do entendimento, que impõe suas determinações conceituais à experiência sensível, *nem* à lei da sensação, que impõe um objeto de desejo. A experiência estética suspende ao mesmo tempo essas duas leis. Ela suspende, portanto, as relações de poder que estruturam normalmente a experiência do sujeito cognoscente, agente ou desejante. Isso significa que, para Schiller, o "acordo" das faculdades na experiência estética não é a harmonia antiga da forma e da matéria que Lyotard vê ali. Ele é, ao contrário, a ruptura com esse acordo antigo enquanto forma de dominação. O "livre acordo" do entendimento e da imaginação já é um desacordo ou um dissenso. Não é necessário ir buscar na experiência sublime da grandeza, da potência ou do medo, o desacordo do pensamento e do sensível, ou o jogo de atração e de repulsão que funda a radicalidade moderna da arte. A experiência da beleza, do *nem... nem...* no interior do qual o juízo estético kantiano a apreende, já é caracterizada pelo *double bind* da atração e da repulsão. Ela é já a tensão dos termos opostos do encanto que atrai e do respeito que repele. A livre aparência da estátua, diz Schiller, nos seduz por seu encanto e nos repele ao mesmo tempo com toda a majestade da sua autossuficiência. E esse movimento de forças contrárias nos coloca em um estado de supremo repouso e de suprema agitação ao mesmo tempo.[77] Não há, então, nenhuma ruptura entre uma estética do belo e uma estética do sublime. O dissenso, a ruptura de certo acordo entre o pensamento e o sensível, já está no coração do acordo e do repouso estéticos.

Essa identidade do acordo e do desacordo é o que autoriza Schiller a conferir ao "estado estético" uma significação política que ultrapassa a simples promessa de mediação social incluída no *senso comum* kantiano, que deveria unir o refinamento da elite à simplicidade natural das pessoas do povo.[78] O senso comum estético é, para ele, um senso comum dissensual. Ele não se contenta em aproximar as classes distantes. Ele recoloca em causa a partilha do sensível que funda sua distância. Por que a estátua da deusa nos atrai e nos repele ao mesmo tempo? Porque ela manifesta esse caráter da divindade que é também, diz Schiller, o da plena humanidade: ela não trabalha, ela joga. Ela não cede nem não resiste. Ela está livre dos laços do comando tanto quanto da obediência. Ora, esse estado de harmonia se opõe claramente àquele que governa as sociedades humanas e que coloca cada um em seu lugar, separando aqueles que comandam e aqueles que obedecem, os homens do lazer e os do trabalho, os homens da cultura refinada e os da simples natureza. O senso comum dissensual da experiência estética opõe-se, então tanto ao consenso da ordem tradicional

---

[77] Friedrich Schiller, *Lettres sur l'éducation esthétique de l'homme*, op. cit., p. 209.

[78] I. Kant, *Critique de la faculté de juger*, op. cit., p. 177.

quanto àquele que a Revolução Francesa tentou impor. A Revolução tentou inverter a ordem antiga de dominação, mas ela mesma reproduziu a lógica antiga da inteligência ativa que se impõe à materialidade passiva. A suspensão de poder, o *nem... nem...* próprio ao estado estético, anuncia, ao contrário, uma revolução completamente nova: uma revolução das formas da existência sensível no lugar de uma simples transformação das formas do Estado; uma revolução que não será mais um deslocamento do poder, mas uma neutralização das próprias formas nas quais os poderes são exercidos, invertendo outras e deixando-se elas mesmas inverter. O livre jogo — ou a neutralização — estético define um modo de experiência inédito, portador de uma nova forma de universalidade e de igualdade sensíveis.

A tensão que anima a estética de Adorno e a antiestética lyotardiana do sublime não se tornará plenamente inteligível a não ser que a remetamos a essa cena primitiva em que a autonomia da arte e a promessa de uma humanidade emancipada estejam fundadas conjuntamente na experiência de um *sensorium* de exceção em que se anulam as oposições da atividade e da passividade, ou da forma e da matéria, que governam as outras formas da experiência sensível. Ela é compreensível na continuidade desse *double bind* que Schiller colocou no próprio coração da harmonia kantiana das faculdades. Esse *double bind* é, de fato, o que permitiu transformar a mediação kantiana do senso comum em princípio positivo de uma nova forma de existência. Por meio dele, o "livre jogo" estético deixa de ser um intermediário entre a alta cultura e a simples natureza ou uma etapa na descoberta do sujeito moral por si mesmo. Ele torna-se o princípio de uma liberdade nova, suscetível de ultrapassar as antinomias da liberdade política. Ele se torna, em resumo, o princípio de uma política ou, mais exatamente, de uma metapolítica que opõe uma revolução das formas do mundo sensível vivido às transformações das formas estatais.

A contradição que está no coração da estética adorniana e o "desastre" reivindicado pela estética lyotardiana devem ser compreendidos como avatares dessa metapolítica estética. São as formas últimas tomadas pela tensão original inerente à própria ideia da "educação estética do homem": tensão entre a suspensão de atividade própria ao estado estético e a atividade da autoeducação que deve cumprir a sua promessa; entre a *alteridade* dessa experiência e o *si* ou a *ipseidade* dessa educação; entre a *autossuficiência* da livre aparência e o movimento de autoemancipação de uma humanidade nova que quer arrancar a aparência dessa autossuficiência para transformá-la em realidade. A cena primitiva schilleriana já contém a contradição. A alteridade do bloco de pedra autossuficiente da estátua promete o contrário do que ela é. Ela promete, a uma humanidade fragmentada pela divisão do trabalho, ordens e ocupações, uma comunidade por vir que não conhecerá mais a alteridade da experiência estética, mas na qual as formas da arte serão novamente o que elas foram — o que elas teriam sido — outrora: as formas de uma vida coletiva não-separada. O outro, encontrado pela experiência estética, não é nada mais então do que um si separado dele mesmo. A alteridade ou a heterogeneidade que sustentava a autonomia dessa experiência é apagada em proveito de uma nova alternativa. O *nem... nem...* do senso comum dissensual torna-se um *ou... ou*: ou a perenidade da separação em dois do sujeito humano, ou a restauração de sua integridade; ou a passividade do espectador que contempla a representação dessa integridade perdida no mármore sem vida, ou a atividade que visa à sua reapropriação na vida concreta, a construção de um novo mundo vivido em que, segundo a palavra de Malevitch, os projetos coletivos de vida tomarão o lugar das "antigas boas mulheres gregas". Ou o dissenso reconduzido ao conflito da aparência e da realidade, ou a construção de um consenso novo, a transformação das aparências da arte em realidades da vida comum, ou seja, também a transformação do mundo em produto e espelho da atividade humana.

Restaurar o *double bind* estético será então o projeto matricial desse contramarxismo, dessa forma alternativa da metapolítica estética que regula a estética de Adorno, e que Lyotard conduz a seu ponto de inflexão. O princípio desse contramovimento pode resumir-se em dois pontos fundamentais. Trata-se, de início, de restaurar a *separação* ou o estranhamento estético que, sozinho, carrega a promessa de um novo mundo sensível. Se os defensores mais resolutos da autonomia da arte foram frequentemente marxistas, isso não é nem por um espírito de conciliação nem por um dilaceramento íntimo entre o amor pela arte e as exigências da emancipação social. Não se trata de um marxismo aberto que se contrapôs a um marxismo dogmático, mas uma forma da metapolítica estética que se contrapôs a uma outra. A promessa de emancipação nesse caso aparece ligada à heterogeneidade sensível da forma estética. Essa heterogeneidade significa, de fato, a revogação desse poder da forma intelectual ativa sobre a matéria sensível passiva, que ligava as produções e os ideais das artes representativas à ordem da dominação. Isso é o que está incluído no *nem... nem...* estético: não a pureza da arte, mas a pureza do afastamento que a experiência estética opera em relação aos jogos dos poderes e às formas da dominação. Não se trata de opor a autonomia artística à heteronomia política. Uma forma de autonomia é sempre, ao mesmo tempo, uma forma de heteronomia. As artes da *mimesis* eram autônomas dentro da ordem que tornava suas fronteiras e suas hierarquias solidárias da ordem da dominação. A arte da era estética, inversamente, afirma-se heterogênea com relação às formas de experiência da dominação. Mas ela faz isso anulando as fronteiras que distinguiam os objetos da arte dos outros objetos do mundo. O que se opõe, então, são duas formas do laço entre autonomia e heteronomia. A autonomia estética é aquela de uma arte em que nenhuma fronteira separa o gesto do pintor devotado à grande arte das performances do saltimbanco devotado ao divertimento do povo, nem o músico criador de uma linguagem puramente musical do engenheiro devotado à racionalização fordista da cadeia. Se a metapolítica da arte-vida perde-se na simples fórmula estatal "a eletricidade e os sovietes", a metapolítica alternativa da alteridade mantida poderia se resumir na fórmula "o dodecafonismo e a bengala de Carlitos": a pureza da linguagem musical sem referência a nada além do que suas próprias leis e a promoção do saltimbanco à grande arte; a disciplina do material musical mais rigorosa que a cadeia fordista e a parada do *clown* vagabundo, cujos gestos automatizados servem para expressar a recusa sentimental e "passadista" da vida mecanizada.

Schönberg e Carlitos: a bengalinha enroscada nos pés do saltimbanco arrastando-se na escala regrada dos doze sons. A fórmula que poderia resumir as longas e complexas análises da *Teoria estética* resume também o segundo traço próprio dessa contraestética. O *double bind* da experiência estética torna-se ali a contradição interna da obra. O duplo movimento schilleriano da atração e da repulsão — da "graça" e da "dignidade" — torna-se a lei de gravitação da própria obra. A razão disso é simples. Adorno partilha a preocupação central de Schiller: a revogação da divisão do trabalho que significa a separação do trabalho e do gozo, dos homens da necessidade e dos homens da cultura. A obra, para ele, continua a prometer o que prometia o supremo estado de agitação e de repouso proporcionado pela livre aparência da estátua grega: um mundo que teria abolido essa separação do trabalho e do gozo que simboliza a cena primitiva da razão ocidental: os marinheiros em seus bancos, as orelhas tapadas ao canto das sereias, Ulisses amarrado ao mastro, desfrutando sozinho desse canto, sem poder pedir aos seus subordinados que o desamarrem para que ele pudesse se juntar às encantadoras. Mas se a obra promete essa reconciliação, isso ocorre ao preço de diferenciá-la indefinidamente, repelindo todas as conciliações que esconderiam a manutenção da alienação. Se a obra é promessa, ela não o é porque sua autossuficiência conteria o segredo de uma forma de vida una, mas, ao contrário, porque ela é dividida, porque sua autonomia está devotada a reproduzir indefinidamente a cena primitiva da separação entre o senhor calculador amarrado a seu mastro e as sereias interditas para a audiência. A via para a emancipação é aquela que exaspera a separação, que só oferece a bela aparência ao preço da dissonância e reafirma indefinidamente o bem do dissenso, repelindo qualquer forma de conciliação entre o belo e o agradável. A cena estética aparece, então, propriamente como a cena do inconciliável.

  Esse inconciliável é o que a leitura lyotardiana leva ao ponto em que sua afirmação se torna ao mesmo tempo a consecução última e a reviravolta total da metapolítica estética. Essa reviravolta não pode de modo algum ser pensada na categoria do "pós-modernismo". O pós-moderno, para Lyotard, nunca foi uma bandeira artística e teórica; no máximo, uma categoria descritiva e um diagnóstico. E esse diagnóstico teve uma função essencial: separar o modernismo artístico da emancipação política, separá-lo a fim de conectá-lo a outra narrativa histórica — pois o famoso repúdio da "grande narrativa" e da "vítima absoluta" não se abre de forma alguma para o universo múltiplo das pequenas narrativas caro às doces almas multiculturais. Ele é pura e simplesmente uma mudança de "grande narrativa" e uma mudança de "vítima absoluta", assimilando a história moderna do Ocidente não mais à emancipação dos proletários, mas ao extermínio programado dos judeus.

A vanguarda é ainda convocada e solicitada a retraçar a linha que separa as produções da arte dos objetos, imagens e divertimentos do comércio. Mas a "autonomia" da arte não é mais a cena de uma contradição que porta o testemunho de uma alienação a suprimir. O que o artista produz não é mais o jogo de uma contradição, mas a inscrição de um choque. O que o choque apresenta é ainda uma alienação, mas uma alienação insuperável. O *double bind* não pertence mais à obra. Ele é a marca de uma condição, a condição de ser submetido à condição sensível: ou a submissão ao *aistheton* que nos faz violência, ou a ausência do *aistheton*, ou seja, a morte. Se a arte deve separar-se do comércio, é simplesmente para opor às ofertas e às promessas do consumo mercantil essa "miséria" primeira do espírito assujeitado à lei do Outro. É para testemunhar uma alienação que não se deixa reduzir, uma alienação em relação à qual toda vontade de emancipação se torna a isca da vontade de domínio que nos arranca do sono da vida de consumo para nos projetar nas utopias fatais do totalitarismo.

A contraleitura de Kant operada por Lyotard é, portanto, de fato, o retorno a uma primeira leitura política da experiência estética. O que ela quer anular é o laço essencial entre a suspensão estética e uma promessa de emancipação. Trata-se de reconverter, de uma vez por todas, o *nem... nem* em um *ou... ou*. Onde Schiller assinalava a exceção de uma forma de experiência sensível, é preciso ler, inversamente, o simples testemunho da condição comum. No lugar da suspensão das formas da dominação, é preciso ler o assujeitamento a um senhor imperioso. Schiller tinha oposto as promessas de emancipação contidas no *double bind* estético à lâmina da fórmula revolucionária: "A liberdade ou a morte". Lyotard retransforma o *double bind* em lâmina sob uma forma inversa: "A servidão ou a morte". Schiller tinha elaborado, a partir de Kant, uma terceira via entre a eternidade da dominação e a selvageria da rebelião. Ele retomou de Kant a ideia de que a experiência estética assinalava outra coisa: legislação racional ou nova forma de comunidade sensível. Lyotard retém a função do signo, mas para invertê-lo. A experiência estética é aquela de um espírito assujeitado, assujeitado ao sensível, mas também e sobretudo assujeitado — por meio de sua dependência sensível — à lei do Outro. O choque do sensível de exceção que era sinal de liberdade em Kant e promessa de emancipação em Schiller vem, em Lyotard, significar exatamente o inverso. Ele é signo de dependência. Ele marca que não há nada a fazer senão obedecer à lei imemorial da alienação. Se a vanguarda deve indefinidamente retraçar a linha de separação, é para denunciar o sonho maléfico da emancipação. O sentido do dissenso estético reformula-se, então, assim: ou um desastre ou outro desastre. Ou o "desastre" do sublime que é o anúncio "sacrificial" da dependência ética em relação à lei imemorial do Outro, ou o desastre que nasce do esquecimento desse desastre, o desastre da promessa de emancipação que não se realiza senão na barbárie aberta dos campos soviéticos ou nazistas, ou no totalitarismo suave do mundo da cultura mercantil e da comunicação.

    A arte é, assim, sempre apreendida no roteiro metapolítico. Mas o sentido desse roteiro é inteiramente invertido. A arte não carrega mais promessa. Ela se chama ainda resistência, lembrando Adorno. Mas a "resistência" também tomou uma significação completamente nova. Ela não é nada além da anamnese da "Coisa", a reinscrição indefinida, nos traços da escrita, nos toques da pintura ou nos timbres musicais, da submissão à lei do Outro. Ou a obediência à lei do Outro que nos faz violência, ou a complacência com a lei do *si* que nos conduz ao assujeitamento da cultura da mercadoria. Ou a lei de Moisés ou a do McDonald's, essa é a última palavra que a estética do sublime traz para a metapolítica estética. Não é seguro que essa nova lei de Moisés se oponha verdadeiramente àquela do McDonald's; mas, em contrapartida, é certo que ela conclui a supressão conjunta da estética e da política em proveito dessa lei única que ganha hoje o nome de ética.[79]

---

[79] Uma primeira versão desse capítulo foi apresentada, em língua inglesa, no colóquio "Kant's Critique of Judgement and Political Thinking", ocorrido em março de 2002, na Northwestern University, em Evanston, Illinois, EUA.

A VIRADA ÉTICA DA ESTÉTICA E DA POLÍTICA

Para compreender o que está implicado na virada ética que afeta hoje a estética e a política é necessário precisar o sentido dessa palavra. Na verdade, ética é uma palavra que está na moda. Mas geralmente é tomada como uma simples tradução, mais eufônica, da velha moral. É vista como uma instância geral de normatividade permitindo que se julgue a validade das práticas e dos discursos agindo nas esferas particulares de julgamento e de ação. Assim compreendida, a virada ética significaria que a política ou a arte estão hoje cada vez mais submetidas ao julgamento moral que incide sobre a validade de seus princípios e as consequências de suas práticas. Alguns se regozijam ruidosamente com um tal retorno aos valores éticos.

Não creio haver razão para se alegrar tanto. Pois não acredito que seja isso que ocorre hoje. O reino da ética não é o do julgamento moral acerca das operações da arte ou as ações da política. Ele significa, ao contrário, a constituição de uma esfera indistinta na qual se dissolvem a especificidade das práticas políticas ou artísticas, mas também o que constituía o coração mesmo da velha moral: a distinção entre o fato e o direito, entre o ser e o dever ser. A ética é a dissolução da norma no fato, a identificação de todas as formas de discurso e de prática sob o mesmo ponto de vista indistinto. Antes de significar norma ou moralidade, a palavra *ethos* significa duas coisas: o *ethos* é a permanência e a maneira de ser, o modo de vida que corresponde a essa permanência. A ética é então o pensamento que estabelece a identidade entre um meio ambiente, uma maneira de ser e um princípio de ação. E a virada ética contemporânea é a singular conjunção de dois fenômenos. De um lado, a instância do julgamento que aprecia e escolhe se encontra rebaixada diante da potência da lei que se impõe. De outro, a radicalidade dessa lei que não deixa escolha conduz ao simples constrangimento de um estado de coisas. A indistinção crescente entre o fato e a lei enseja então uma inédita dramaturgia do mal, da justiça e da reparação infinitas.

Dois filmes recentes, consagrados aos avatares da justiça numa comunidade local, podem nos ajudar a compreender esse paradoxo: o primeiro é *Dogville*, de Lars von Trier (2002). O filme nos conta a história de Grace, a estrangeira que, para se fazer aceitar pelos habitantes da pequena cidade, põe-se a serviço deles, ao custo de sofrer exploração, de início, e, depois, de ser perseguida quando tenta escapar. Essa história transpõe a fábula brechtiana de Santa Joana dos Matadouros que queria fazer reinar a moral cristã na selva capitalista. Mas a transposição ilustra bem o afastamento entre duas épocas. A fábula brechtiana situava-se no universo onde todas as noções se dividiam em duas. A moral cristã revelava-se ineficaz para lutar contra a violência da ordem econômica. Ela devia se transformar numa moral militante, que tomava como critério as necessidades da luta contra a opressão. O direito dos oprimidos se opunha assim ao direito cúmplice da opressão, defendido pelos policiais furadores de greve. A oposição das duas violências era, portanto, também a de duas morais e dois direitos.

Essa divisão da violência, da moral e do direito tem um nome. Chama-se política. A política não é, como se diz com frequência, o oposto da moral. Ela é sua divisão. *Santa Joana dos Matadouros* era uma fábula da política que mostrava a impossibilidade da mediação entre esses dois direitos e essas duas violências. Por outro lado, o mal encontrado por Grace em *Dogville* não remete a causa alguma além dele mesmo. Grace não é mais a boa alma mistificada pela ignorância das causas do mal. Ela é simplesmente a estrangeira, a excluída que deseja ser admitida na comunidade e da qual esta se serve antes de rejeitar. Sua desilusão e sua paixão não se ligam mais a sistema de dominação algum a ser compreendido e destruído. Dependem de um mal que é causa e efeito de sua própria reprodução. Eis por que a única retribuição que convém é a limpeza radical exercida em relação à comunidade por um Senhor e Pai que não é outro senão o rei dos Mafiosos. "Só a violência ajuda lá onde a violência reina": tal era a lição brechtiana. Só o mal retribui o mal, tal é a fórmula transformada, própria aos tempos consensuais e humanitários. Traduzamos isso no léxico de George W. Bush: só a justiça infinita é apropriada para a luta contra o eixo do mal.

O termo de justiça infinita fez alguns dentes rangerem e se julgou preferível retirá-lo rapidamente de circulação. O que se disse é que foi mal escolhido. Talvez o tenha sido demasiadamente bem. Sem dúvida, pela mesma razão, a moral de *Dogville* escandalizou. O júri do festival de Cannes criticou o filme por sua falta de humanismo. Essa falta de humanismo reside, sem dúvida, na ideia de uma justiça feita à injustiça. Uma ficção humanista, nesse sentido, deve ser uma ficção que suprime essa injustiça ao apagar a própria oposição do justo e do injusto. É exatamente o que propõe outro filme, *Mystic River*, de Clint Eastwood (2002).[80] Nesse filme, o crime de Jimmy, ao executar sumariamente seu antigo camarada Dave, que ele acreditava culpado do assassinato de sua filha, permanece impune. Resta o segredo guardado em comum pelo culpado e por seu comparsa, o policial Sean. É que a culpabilidade conjunta de Jimmy e de Sean excede o que um tribunal pode julgar. São eles que, quando crianças, arrastaram o pequeno Dave para seus arriscados jogos de rua. Por causa deles, Dave foi abordado e capturado por falsos policiais que o sequestraram e estupraram. Por conta desse trauma, Dave tornou-se um adulto problemático, cujos comportamentos aberrantes o designaram como o culpado ideal para o assassinato da jovem menina.

Dogville transpunha uma fábula teatral e política. *Mystic River* transforma uma fábula cinematográfica e moral: o roteiro do falso culpado notadamente ilustrado por Hitchcock ou Lang. Nesse roteiro, a verdade afrontava a justiça falível dos tribunais e da opinião pública, e terminava sempre por vencer, ao custo de eventualmente afrontar outra forma de fatalidade.[81] Porém, hoje, o mal, com seus inocentes e seus culpados, tornou-se o trauma que

---

[80] No Brasil, *Sobre Meninos e Lobos*. (N. da T.)

[81] Ver, de Alfred Hitchcock, *The Wrong Man* (1956) [*O Homem Erra-*

não conhece, ele mesmo, nem inocentes nem culpados, que é um estado de indistinção entre a culpabilidade e a inocência, entre a doença do espírito e o problema social. É no interior dessa violência traumática que Jimmy mata Dave, ele próprio vítima de um trauma consecutivo a esse estupro cujos autores eram sem dúvida, eles próprios, vítimas de outro trauma. Mas não se trata somente de um roteiro de doença que substituiu o roteiro de justiça. A própria doença mudou de sentido. A nova ficção psicanalítica se opõe estritamente àquelas que Lang ou Hitchcock assinavam há cinquenta anos, e nas quais o violento ou o doente eram salvos pela reativação do segredo de infância velado.[82] O traumatismo da infância tornou-se o traumatismo do nascimento, a simples infelicidade própria a todo ser humano de ser um animal nascido cedo demais. Essa infelicidade da qual ninguém escapa revoga a ideia de uma justiça feita à injustiça. Ela não suprime o castigo. Mas suprime sua justiça. Ela a remete aos imperativos da proteção do corpo social, que traz sempre, como se sabe, alguns deslizes. A justiça infinita adquire então a figura "humanista" da violência necessária para a manutenção da ordem da comunidade exorcizando o trauma.

Denuncia-se de bom grado o simplismo das intrigas psicanalíticas fabricadas em Hollywood. Essas, todavia, fazem concordar muito fielmente sua estrutura e sua tonalidade com as lições da psicanálise erudita. Das curas exitosas de Lang ou Hitchcock ao segredo escondido e ao trauma irreconciliável que nos apresenta Clint Eastwood, reconhece-se facilmente o movimento que vai da intriga do saber edipiana à irredutível divisão do saber e da lei que simboliza a outra grande heroína trágica, Antígona. Sob o signo de Édipo, o trauma era o acontecimento esquecido cuja reativação podia curar a ferida. Quando Antígona, na teorização lacaniana,

---

do]; de Fritz Lang, *Fury* (1936) [*Fúria*] e *You Only Live Once* (1937) [*Vive--se Uma Só Vez*].

[82] Ver, de Alfred Hitchcock, *Spellbound* (1945) [*Quando Fala o Coração*]; de Fritz Lang, *Secret Beyond the Door* (1948) [*O Segredo da Porta Fechada*].

substitui Édipo, é uma nova forma de segredo que se instaura, irredutível a todo conhecimento salvador. O trauma que resume a tragédia de *Antígona* é sem começo nem fim. Ele é o mal-estar de uma civilização na qual as leis da ordem social são minadas por aquilo mesmo que as sustenta: as potências da filiação, da terra e da noite.

Antígona, dizia Lacan, não é a heroína dos direitos humanos que a piedade democrática moderna construiu. É muito mais a terrorista, a testemunha do terror secreto no fundamento mesmo da ordem social. Em matéria política, o trauma adquire, de fato, o nome de terror. Terror é uma das palavras-chave de nosso tempo. Designa seguramente uma realidade de crime e de horror que ninguém pode ignorar. Mas é também um termo de indistinção. Terror designa os atentados do 11 de setembro de 2001 em Nova York, ou do 11 de março de 2004 em Madri, e a estratégia na qual esses atentados se inscrevem. Porém, cada vez mais, essa palavra designa o choque produzido pelo acontecimento nos espíritos, o medo de que tais acontecimentos se reproduzam, o de que se produzam violências ainda impensáveis, a situação marcada por essas apreensões, a gestão dessa situação pelos aparelhos de Estado etc. Falar de guerra contra o terror é estabelecer uma só e mesma cadeia desde a forma desses atentados até a angústia íntima que pode morar em cada um de nós. Guerra contra o terror e justiça infinita recaem então na indistinção de uma justiça preventiva que se atém a tudo que suscita ou poderia suscitar o terror, tudo que ameaça o laço social que mantém unida uma comunidade. Uma justiça cuja lógica é a de não parar senão quando tiver cessado um terror que, por definição, não para jamais nos seres submetidos ao traumatismo do nascimento. É, ao mesmo tempo, uma justiça à qual nenhuma outra justiça pode servir de norma, uma justiça que se coloca acima de toda regra de direito.

As infelicidades de Grace e a execução de Dave ilustram muito bem essa transformação dos esquemas interpretativos de nossa experiência, que chamo de "virada ética". O aspecto essencial desse processo não é certamente o retorno virtuoso às normas da moral, mas, ao contrário, a suspensão da divisão que a própria palavra "moral" implicava. A moral implicava a separação da lei e do fato. Ela implicava igualmente a divisão das morais e dos direitos, a divisão das maneiras de se opor o direito ao fato. A suspensão dessa divisão tem um nome privilegiado: chama-se consenso. Consenso é uma das palavras-chave de nosso tempo. No entanto, tende-se a minimizar seu sentido. Alguns a remetem ao acordo global entre partidos de governo e oposição a respeito dos grandes interesses nacionais. Outros veem nisso mais amplamente um novo estilo de governo, dando preferência à discussão e à negociação para resolver o conflito. Ora, consenso quer dizer muito mais: significa propriamente um modo de estruturação simbólica da comunidade que esvazia o que faz o coração da política, ou seja, o dissenso. Uma comunidade *política* é, na verdade, uma comunidade estruturalmente dividida, não somente dividida em grupos de interesses ou opiniões divergentes, mas dividida em relação a si mesma. Um povo político não é nunca a mesma coisa que a soma de uma população. É sempre uma forma de simbolização suplementar em relação a toda conta da população e suas partes. E essa forma de simbolização é sempre uma forma litigiosa. A forma clássica do conflito político opõe vários povos num só: há o povo que está inscrito nas formas existentes do direito e da constituição, o que está encarnado no Estado, o que esse direito ignora ou do qual esse Estado não mais reconhece o direito, o que reivindica em nome de outro direito ainda a se inscrever nos fatos. O consenso é a redução desses povos a um só, idêntico à conta da população e suas partes, dos interesses da comunidade global e dos interesses das partes.

Como se dedica a remeter o povo à população, o consenso se dedica a remeter o direito ao fato. Seu trabalho incessante é o de tapar todos esses intervalos entre direito e fato, pelos quais o direito e o povo se dividem. A comunidade política é assim tendencialmente transformada em comunidade *ética*, em comunidade com um só povo e em que se espera que todos sejam contados. Essa conta tropeça somente diante de um resto problemático, que chama de "o excluído". Mas é preciso ver que mesmo esse termo não é unívoco. O excluído pode significar duas coisas bem diferentes. Na comunidade política, o excluído é um ator conflituoso, que se faz incluir como sujeito político suplementar, portador de um direito não reconhecido ou testemunha da injustiça do direito existente. Na comunidade ética, considera-se que esse suplemento não tem mais razão de ser, pois todos estão incluídos. O excluído não tem, portanto, estatuto na estruturação da comunidade. Por um lado, ele é simplesmente aquele que por acidente caiu fora da grande igualdade de todos com todos: o doente, o deficiente ou o desamparado a quem a comunidade deve estender uma mão de socorro para restabelecer o "laço social". Por outro, ele se torna o outro radical, aquele que nada separa da comunidade a não ser o simples fato de que ele lhe é estrangeiro, que não partilha a identidade que liga cada um a todos, e que a ameaça, ao mesmo tempo, em cada um. A comunidade nacional despolitizada se constitui então como a pequena sociedade de Dogville, na duplicidade do serviço social de proximidade e da rejeição absoluta do outro.

A essa nova figura da comunidade nacional corresponde uma nova paisagem internacional. A ética aí instaurou seu reino sob a forma da ajuda humanitária, em seguida sob a forma da justiça infinita exercida contra o eixo do mal. Ela o fez através de um mesmo processo de indistinção crescente entre o fato e o direito. Nas cenas nacionais, esse processo significa o desaparecimento dos intervalos entre o direito e o fato, pelos quais se constituíam os dissensos e os sujeitos políticos. Na cena internacional, ele se traduz pelo desaparecimento tendencial do próprio direito, de que o direito de ingerência e o assassinato seletivo são as formas mais visíveis. No entanto, tal desaparecimento operou-se por um desvio. Passou pela constituição de um direito para além de todo direito, o direito absoluto da vítima. Essa constituição implica ela própria em uma inversão significativa daquilo que é, de qualquer modo, o direito do direito, seu fundamento metajurídico, os direitos humanos. Esses sofreram, em vinte anos, uma transformação singular. Por muito tempo vítimas da suspeita marxista sobre os direitos "formais", tinham rejuvenescido nos anos 1980 com os movimentos dissidentes da Europa do Leste. O desmoronamento do sistema soviético, na virada dos anos 1990, parecia abrir caminho para um mundo no qual os consensos nacionais seriam prolongados ao âmbito de uma ordem internacional fundada por esses direitos. Sabe--se que essa visão otimista logo foi desmentida pela explosão de novos conflitos étnicos ou novas guerras de religião. Os direitos humanos foram a arma dos dissidentes, opondo outro povo àquele que seu Estado pretendia encarnar. Eles se tornaram os direitos das populações vítimas das novas guerras étnicas, os direitos dos indivíduos expulsos de suas casas destruídas, das mulheres estupradas ou de homens massacrados. Tornaram-se os direitos específicos daqueles que estavam fora da condição de exercer direitos. A alternativa se apresentava então: ou bem esses direitos humanos não eram mais nada, ou bem se tornavam os direitos absolutos do sem-direito, direitos que exigiam uma resposta ela mesma absoluta, para além de toda norma jurídica formal.

Mas, claro, esse direito absoluto do sem-direito só poderia ser exercido por outro. É essa transferência que de início chamou-se de direito de ingerência e guerra humanitária. Num segundo momento, a guerra humanitária contra o opressor dos direitos humanos tornou-se a justiça infinita exercida em relação a esse inimigo invisível e onipresente que chega para ameaçar o defensor do direito absoluto das vítimas em seu próprio território. O direito absoluto vem então se identificar com a simples exigência de segurança de uma comunidade de fato. A guerra humanitária torna-se a guerra sem fim contra o terror: uma guerra que não é uma guerra, mas um dispositivo de proteção infinita, uma maneira de administrar um trauma elevado ao patamar de fenômeno da civilização.

Não nos encontramos mais, assim, no âmbito clássico da discussão sobre os fins e os meios. Esses caem na mesma indistinção que o fato e o direito, ou a causa e o efeito. O que se opõe ao mal do terror é então ou um mal menor, a simples conservação do que é, ou a espera de uma salvação que venha da própria radicalização da catástrofe.

Essa virada do pensamento político se instalou no centro do pensamento filosófico sob duas formas principais: seja a afirmação de um direito do Outro que vem fundar filosoficamente o direito dos exércitos interventores; seja o de um estado de exceção que torna a política e o direito inoperantes, deixando apenas a esperança de uma salvação messiânica surgida do fundo do desespero. A primeira posição foi bem resumida por Jean-François Lyotard em um texto intitulado precisamente "The Other's Rights".[83] Esse texto respondia, em 1993, a uma pergunta feita pela Anistia Internacional: "o que se tornam os direitos humanos no contexto da intervenção humanitária?" Em sua resposta, Lyotard dava aos "direitos do outro" uma significação que esclarece bem o que a ética e a virada ética querem dizer. Os direitos humanos, explicava ele, não podem ser os direitos do homem enquanto homem, os direitos do homem nu. O argumento, em seu fundo, não é novo. Já alimentou sucessivamente as críticas de Burke, de Marx e de Hannah Arendt. O homem nu, o homem apolítico, mostraram eles, é sem direito. Deve ser algo mais que um homem para ter direitos. Esse outro que o homem foi chamado historicamente de "cidadão". A dualidade do homem e do cidadão alimentou historicamente duas coisas: a crítica da duplicidade desses direitos que estão sempre em outro lugar que não o seu, mas também a ação política que instaurou seus dissensos no afastamento mesmo entre o homem e o cidadão.

Contudo, nos tempos do consenso e da ação humanitária, esse outro que não é o homem sofreu uma mutação radical. Não é mais o cidadão que se acrescenta ao homem. É o inumano que o separa dele mesmo. Nessas violações dos direitos humanos taxadas de inumanas, Lyotard vê a consequência do desconhecimento de um outro "inumano", um inumano positivo, poder-se-ia dizer. Esse "inumano" é a parte em nós que não controlamos, essa parte que toma várias figuras e diversos nomes: dependência da criança, lei do inconsciente, relação de obediência em relação a um Outro absoluto. O "inumano" é essa radical dependência do humano para com um absolutamente outro que ele não pode dominar. O "direito do outro" é então o direito de testemunhar essa submissão à lei do outro. Sua violação, segundo Lyotard, começa com a vontade de dominar o indominável. Essa vontade teria sido o sonho do Iluminismo e da Revolução, e o genocídio nazista a teria cumprido, exterminando o povo cuja vocação é a de dar testemunho da necessária dependência em relação à lei do Outro. Mas ela

---

[83] J.-F. Lyotard, "The Other's Rights", *op. cit.*, 1993, pp. 136-47.

prosseguiria ainda hoje nas formas adocicadas da sociedade da comunicação e da transparência generalizadas.

Dois traços caracterizam assim a virada ética. É primeiramente uma reversão do curso do tempo: o tempo voltado para o fim a ser realizado — progresso, emancipação ou outro — é substituído pelo tempo voltado para a catástrofe que está atrás de nós. Mas é também um nivelamento das próprias formas dessa catástrofe. O extermínio dos judeus europeus aparece então como a forma manifesta de uma situação global que caracteriza igualmente o ordinário de nossa existência democrática e liberal. É o que resume a fórmula de Giorgio Agamben: o campo é o *nomos* da modernidade, quer dizer, seu lugar e sua regra, regra ela mesma idêntica à exceção radical. Sem dúvida, a perspectiva de Agamben é diferente da de Lyotard. Ele não funda nenhum direito do Outro. Ao contrário, ele denuncia a generalização do estado de exceção e daí conclama a espera messiânica de uma salvação vinda do fundo da catástrofe. Sua análise, porém, resume bem o que chamo de "virada ética". O estado de exceção é um estado que indiferencia carrascos e vítimas assim como indiferencia o extremo do crime do Estado nazista e o ordinário da vida de nossas democracias. O verdadeiro horror dos campos, diz Agamben, mais ainda do que a câmara de gás, é a partida de futebol que opunha, nas horas vagas, as tropas SS e os judeus dos *Sonderkommandos*.[84] Ora, essa partida se repete cada vez que ligamos a televisão para ver um jogo. Todas as diferenças se apagam assim na lei de uma situação global. Esta aparece então como a consecução de um destino ontológico que não deixa lugar algum ao dissenso político e espera a salvação unicamente de uma improvável revolução ontológica.

Esse desaparecimento tendencial das diferenças da política e do direito na indistinção ética define também um certo presente da arte e da reflexão estética. Assim como a política apaga-se no par do consenso e da justiça infinita, esses tendem a se redistribuir en-

---

[84] Giorgio Agamben, *Ce qui reste d'Auschwitz*, Paris, Rivages, 1999, p. 30 [ed. bras.: *O que resta de Auschwitz*, tradução de Selvino Assmann, São Paulo, Boitempo, 2008].

tre uma visão da arte que a entende a serviço do laço social e uma outra que a entende como testemunho interminável da catástrofe.

Por um lado, os dispositivos pelos quais, há algumas décadas, a arte se considerava capaz de testemunhar a contradição de um mundo marcado pela opressão tendem, hoje, a dar testemunho de um pertencimento ético comum. Comparemos, por exemplo, duas obras que exploram, com trinta anos de distância, a mesma ideia. Na época da guerra do Vietnã, Chris Burden cria seu *The Other Vietnam Memorial* [O outro memorial do Vietnã], dedicado aos mortos do outro lado, às milhares de vítimas vietnamitas sem nome e sem monumento. Nas placas de bronze de seu monumento, ele deu nomes a esses anônimos: os nomes de outros anônimos, com sonoridades vietnamitas, achados ao acaso em listas telefônicas. Trinta anos mais tarde, Christian Boltanski apresentava a instalação que mencionei aqui anteriormente, chamada *Les Abonnés du téléphone*; um dispositivo constituído por duas grandes estantes com listas telefônicas do mundo inteiro e duas longas mesas nas quais os visitantes podiam se sentar para consultar à vontade esta ou aquela dessas listas. A instalação de hoje repousa, portanto, sobre a mesma ideia formal que o contramonumento de ontem. É, em ambos os casos, uma questão de anonimato. Mas o modo de realização material e a significação política são completamente diferentes. Não é mais um monumento contra um outro. É um espaço que vale como *mimesis* do espaço comum. E, enquanto ontem se tratava de devolver um nome àqueles que tinham sido privados, pela força do Estado ao mesmo tempo de seus nomes e suas vidas, os anônimos de hoje são simplesmente, como o diz o artista, "espécimes de humanidade" com os quais nos encontramos presos em uma grande comunidade. A instalação resumia bem assim o espírito de uma exposição que queria ser a enciclopédia de um século de história comum: uma paisagem da memória que une, ao contrário dos dispositivos de ontem que queriam dividir. Como muitas instalações contemporâneas, ela jogava ainda com o procedimento que tinha sido, trinta anos atrás, a energia de uma arte crítica: a introdução sistemática de objetos e imagens do mundo profano no templo da arte. Porém, o sentido dessa mistura mudou radicalmente. Outrora, o encontro de elementos heterogêneos queria sublinhar as contradições de um mundo marcado pela exploração e pôr em questão o lugar da arte e de suas instituições nesse mundo conflituoso. Hoje, o mesmo procedimento de reunião e mistura de coisas se afirma como a operação positiva de uma arte empenhada nas funções de arquivo e de testemunho de um mundo comum. Esse procedimento se inscreve assim na perspectiva de uma arte marcada pelas categorias do consenso: dar novamente o sentido perdido de um mundo comum ou consertar as falhas do laço social.

Essa visada pode se exprimir diretamente, por exemplo, no programa de uma arte relacional que quer, antes de mais nada, criar situações de proximidade, propícias à elaboração de novas formas de laços sociais. Mas ela se faz sentir muito mais amplamente na mudança de sentido que afeta os mesmos procedimentos artísticos empregados pelos mesmos artistas: assim ocorre com o procedimento de colagem num mesmo cineasta. Ao longo de toda a sua carreira, Jean-Luc Godard não deixou de recorrer à colagem de elementos heterogêneos. Contudo, nos anos 1960, ele o fazia na forma do choque de contrários. Era notadamente o choque entre o mundo da "grande cultura" e o mundo da mercadoria: a *Odisseia* filmada por Fritz Lang e o cinismo brutal do produtor em *Le Mépris* [O Desprezo]; a *História da arte* de Élie Faure e a publicidade para as cintas *Scandale* em *Pierrot le fou* [O demônio das onze horas]; os pequenos cálculos da prostituta Naná e as lágrimas da *Joana d'Arc* de Dreyer em *Vivre sa vie* [Viver a vida]. Seu cinema dos anos 1980 é aparentemente fiel a esse princípio de colagem de elementos heterogêneos. Mas a forma da colagem mudou: o choque entre as imagens tornou-se sua fusão. E essa fusão atesta, ao mesmo tempo, a realidade de um mundo autônomo das imagens e sua potência de comunidade. De *Passion* a *Éloge de l'amour* ou de *Allemagne année 90 neuf zéro* às *Histoire(s) du cinéma*,[85] o encontro imprevisível dos planos de cinema com as

---

[85] Os quatro filmes de Godard aqui citados são conhecidos entre nós como *Paixão* (1982), *Elogio do Amor* (2001), *Alemanha Nove Zero* (1991) e *História(s) do Cinema* (1998). (N. da T.)

pinturas do Museu imaginário, as imagens dos campos da morte e os textos literários deslocados, constitui um só e mesmo reino das imagens dedicado a uma única tarefa: doar ao homem um "lugar no mundo".

De um lado, portanto, os dispositivos artísticos polêmicos tendem a se deslocar para uma função de mediação social. Eles se tornam os testemunhos ou os símbolos de uma participação numa comunidade indistinta, apresentados na perspectiva de uma restauração do laço social ou do mundo comum. Mas, de outro, a violência polêmica de ontem tende a assumir uma figura nova. Ela se radicaliza em testemunhos do irrepresentável, e do mal ou da catástrofe infinitos.

O irrepresentável é a categoria central da virada ética na reflexão estética, como o terror o é no plano político, porque ele é, ele também, uma categoria de indistinção entre o direito e o fato. Na ideia do irrepresentável, duas noções estão na verdade confundidas: uma impossibilidade e uma interdição. Declarar que um tema é irrepresentável pelos meios da arte é realmente dizer muitas coisas em uma. Isso pode querer dizer que os meios específicos da arte ou de tal arte particular não são apropriados à sua singularidade. É assim que Burke, outrora, declarava irrepresentável em pintura a descrição de Lúcifer feita por Milton em *Paraíso perdido*. Sua sublimidade repousava deveras no duplo jogo das palavras que não nos fazem verdadeiramente ver o que fingem nos mostrar. Mas quando o equivalente pictural das palavras expunha-se à vista, como nas *Tentações de Santo Antão* dos pintores, ela [a sublimidade] se tornava uma figura pitoresca ou grotesca. Esse era também o argumento do *Laocoonte* de Lessing: o sofrimento do Laocoonte de Virgílio era irrepresentável em escultura porque o realismo visual da escultura, ao remover a dignidade do personagem, retira da arte sua idealidade. O sofrimento extremo pertencia a uma realidade que estava, por princípio, excluída da arte do visível.

Manifestamente, não é isso que se quer dizer quando se ataca, em nome do irrepresentável, a série televisiva norte-americana *Holocausto*, que esteve em voga há vinte anos, ao apresentar o genocídio através da história de duas famílias. Não que a visão das "duchas" engendre o riso. Mas não se pode fazer um filme sobre o extermínio dos judeus exibindo corpos ficcionais que imitam os carrascos e as vítimas nos campos de concentração. Essa impossibilidade declarada cobre na verdade um interdito. Mas tal interdição ela mesma mistura duas coisas: uma proscrição que incide sobre o acontecimento e uma proscrição que incide sobre a arte. Por um lado, diz-se que o que foi praticado e sofrido nos campos de extermínio torna interdito propor uma imitação para a fruição estética. Por outro, o que se diz é que o acontecimento inaudito do extermínio exige uma arte nova, uma arte do irrepresentável. Associa-se então a tarefa dessa arte com a ideia de uma exigência antirrepresentativa normatizando a arte moderna enquanto tal.[86] Estabelece-se assim uma linha reta desde o *Quadrado negro* de Malevitch (1915), assinalando a morte da figuração pictural, até o filme *Shoah* de Claude Lanzmann (1985), que trata do irrepresentável do extermínio.

É preciso, no entanto, indagar-se sobre em que sentido esse filme deriva de uma arte do irrepresentável. Ele nos apresenta, de fato, como todos os outros filmes, personagens e situações. Como muitos outros, ele nos coloca de cara no cenário de uma paisagem poética, no caso um rio que serpenteia pelas pradarias, no qual um barco desliza ao ritmo de uma canção nostálgica. E o próprio realizador introduz esse episódio pastoral por uma frase provocadora, que afirma o caráter ficcional do filme: "Esta história começa nos nossos dias às margens do rio Ner, na Polônia". O irrepresentável alegado não pode, portanto, significar a impossibilidade de empregar a ficção para dar conta dessa realidade atroz. Nada a ver com o argumento do *Laocoonte* que repousava sobre a distância entre apresentação real e representação artística. É, ao contrário, porque tudo é representável e nada separa a representação ficcional da apresentação do real que o problema da representação do genocídio se coloca. Esse problema não é o de saber se se pode ou se deve ou não representar, mas de saber o que se quer representar e qual modo de representação é preciso eleger para esse fim. Ora,

---

[86] Ver Gérard Wajcman, *L'Objet du siècle*, Paris, Verdier, 1998.

o traço essencial do genocídio para Lanzmann é o afastamento entre a perfeita racionalidade de sua organização e a inadequação de toda razão explicativa dessa programação. O genocídio é perfeitamente racional em sua execução. Ele previu até o desaparecimento de seus rastros. Mas essa racionalidade não depende ela própria de nenhum encadeamento racional suficiente de causas e efeitos. É esse afastamento entre duas racionalidades que torna inadequada a ficção do tipo *Holocausto*. Essa nos mostra a transformação de pessoas comuns em monstros e de cidadãos respeitados em dejetos humanos. Ela obedece assim à lógica representativa clássica na qual os personagens entram em conflito a partir de seus caráteres e dos fins que perseguem, e se transformam em função das situações. Ora, uma tal lógica está destinada a deixar escapar, ao mesmo tempo, a singularidade dessa racionalidade e a singularidade de sua ausência de razão. Por outro lado, outro tipo de ficção se mostra perfeitamente apropriado à "história" que Lanzmann quer contar: a "ficção investigativa"[87] da qual *Cidadão Kane*, de Orson Welles, é o protótipo — a forma de narração que gira em torno de um acontecimento ou de um personagem inapreensível e se esforça por capturar seu segredo, sob o risco de não encontrar senão o nada da causa ou a ausência de sentido do segredo. No caso de Kane, a neve de um globo de vidro e um nome em um trenó de criança. No caso da Shoah, um acontecimento para além de toda causa racionalizável.

Shoah não se opõe a *Holocausto* como uma arte do irrepresentável se opõe a uma arte da representação. A ruptura com a ordem clássica da representação não significa o advento de uma arte do irrepresentável. Ela é, ao contrário, a liberação em relação a essas normas que impediam que se representasse o sofrimento de Laocoonte ou a sublimidade de Lúcifer. Eram essas normas da representação que definiam o irrepresentável. Elas impediam que se representassem certos espetáculos, guiavam a escolha de tal forma para tal tema, obrigavam a se deduzir as ações a partir dos caráteres dos personagens e dos dados da situação segundo uma ló-

---

[87] No original, *fiction-enquête*. (N. da T.)

gica plausível entre as motivações psicológicas e os encadeamentos de causas e efeitos. Nenhuma dessas prescrições se aplica à arte à qual pertence *Shoah*. O que se opõe à lógica antiga da representação não é o irrepresentável. É, inversamente, a supressão de toda fronteira que limite os temas representáveis e os meios de representá-los. Uma arte antirrepresentativa não é uma arte que não representa mais. É uma arte que não está mais limitada na escolha do que pode ser representado e tampouco na escolha dos meios de representação. É por isso que é possível representar o extermínio dos judeus sem deduzi-lo de qualquer motivação atribuível a personagens ou de qualquer lógica das situações, sem mostrar nem câmaras de gás, nem cenas de extermínio, nem carrascos nem vítimas. É também por isso que uma arte que representa o excepcional do genocídio sem cenas de extermínio é também contemporânea de uma pintura feita somente de linhas ou quadrados de cor, bem como de uma arte das instalações, que reexpõe simplesmente objetos ou imagens tomados de empréstimo ao mundo da mercadoria e da vida comum.

Para se postular uma arte do irrepresentável, é preciso, portanto, fazer surgir esse irrepresentável de outro lugar que não a própria arte. É preciso fazer coincidir o interdito e o impossível, o que supõe um duplo golpe de força. É preciso colocar, na arte, o interdito religioso, transformando a interdição de representar o deus dos judeus em impossibilidade de representar o extermínio do povo judeu. E é preciso transformar o excedente de representação inerente à ruína da ordem representativa em seu contrário: uma falha ou uma impossibilidade de representação. Isso supõe uma construção do conceito de modernidade artística, que situa o interdito no impossível fazendo da arte moderna inteira uma arte constitutivamente votada ao testemunho do inapresentável.

Um conceito serviu massivamente a essa operação: o "sublime". Vimos como Lyotard o reelaborou com essa finalidade. Vimos também as condições dessa reelaboração. Lyotard teve que inverter não somente o sentido da ruptura antirrepresentativa, mas também o próprio sentido do sublime kantiano. Pôr a arte moderna sob o conceito do sublime é transformar o ilimitado do representável e dos meios da representação em seu contrário: a experiência de um desacordo fundamental entre a materialidade sensível e o pensamento. É identificar de pronto o jogo das operações da arte a uma dramaturgia da exigência impossível. Mas o sentido dessa dramaturgia foi igualmente invertido. Em Kant, a faculdade sensível da imaginação experimentava os limites de sua concordância com o pensamento. Seu fracasso assinalava o seu próprio limite e abria ao ilimitado da razão. Assinalava ao mesmo tempo a passagem da esfera estética à esfera moral. Lyotard faz dessa passagem para fora do domínio da arte a própria lei da arte. Mas ele o faz ao preço de inverter os papéis. Não é mais a faculdade sensível que falha em obedecer às exigências da razão. É, ao contrário, o espírito que é posto em erro, convocado a obedecer à tarefa impossível de se aproximar da matéria, de captar a singularidade sensível. Mas essa singularidade sensível ela própria é na verdade reconduzida à experiência indefinidamente reiterada de uma só e mesma dívida. A tarefa das vanguardas artísticas consiste então em repetir o gesto de inscrever o choque de uma alteridade que de início parece ser a da qualidade sensível, porém termina por se identificar à potência intratável da "Coisa" freudiana ou da lei mosaica. É bem isso que significa a transformação "ética" do sublime: a transformação conjunta da autonomia estética e da autonomia moral kantianas em uma só e mesma lei de heteronomia, uma só e mesma lei na qual o mandamento imperioso é idêntico à fatualidade radical. O gesto da arte consiste assim em testemunhar indefinidamente a dívida infinita do espírito em relação a uma lei que é tanto a ordem do Deus de Moisés como a lei factual do inconsciente. O fato de que a matéria resiste torna-se a submissão à lei do Outro. Mas essa lei do Outro não é, por outro lado, senão a submissão à condição do ter nascido demasiado cedo.

Esse bascular da estética na ética decididamente não é inteligível nos termos de um devir pós-moderno da arte. A oposição simplista do moderno e do pós-moderno impede de se compreenderem as transformações do presente e seus desafios. Ela se esquece na verdade de que o próprio modernismo não passou de uma longa contradição entre duas políticas estéticas opostas, mas opostas a partir de um mesmo núcleo comum, que ligava a autonomia da arte à antecipação de uma comunidade por vir, que ligava, portanto, essa autonomia à promessa de sua própria supressão. A própria palavra *vanguarda* designou as duas formas opostas do mesmo nó entre a autonomia da arte e a promessa de emancipação que aí estava inclusa. Ela significou duas coisas opostas, às vezes mais ou menos confundidas, às vezes claramente antagônicas. De um lado, a vanguarda foi o movimento que visava a transformar as formas da arte, a torná-las idênticas às formas da construção de um mundo novo no qual a arte não existe mais como realidade separada. De outro, ela foi o movimento que preservou a autonomia da esfera artística de toda forma de compromisso com as práticas do poder e da luta política ou das formas de estetização da vida no mundo capitalista. De um lado, o sonho futurista ou construtivista de uma autossupressão da arte na formação de um novo mundo sensível; de outro, a luta para preservar a autonomia da arte de todas as formas de estetização da mercadoria ou do poder; para preservá-la não como puro gozo da arte pela arte, mas, ao contrário, como inscrição da contradição não resolvida entre a promessa estética e a realidade de um mundo de opressão.

Uma dessas políticas perdeu-se no sonho soviético, ainda que sobreviva nas utopias contemporâneas mais modestas dos arquitetos das cidades novas, *designers* que reinventam uma comunidade a partir de um novo mobiliário urbano, ou artistas relacionais que introduzem um objeto, uma imagem ou uma inscrição insólitos na paisagem dos subúrbios precarizados. É o que se poderia chamar de versão *soft*[88] da virada ética da estética. A segunda não foi abolida por não se sabe qual revolução pós-moderna. O carnaval pós-moderno não foi senão a cortina de fumaça a esconder a transformação do segundo modernismo em uma "ética" que não é mais a versão adocicada e socializada da promessa estética de emancipação, mas sua pura e simples reversão, ligando o próprio da arte não mais a uma emancipação por vir, mas a uma catástrofe imemorial e interminável.

É bem isso que testemunha o discurso ambiente que devota a arte ao irrepresentável e ao testemunho do genocídio de ontem,

---

[88] Em inglês no original. (N. da T.)

à catástrofe interminável do presente ou ao trauma imemorial da civilização. A estética do sublime de Lyotard resume da forma mais sumária esse movimento de reversão. Na tradição de Adorno, ela convoca a vanguarda a retraçar indefinidamente a separação entre as obras próprias da arte e as misturas impuras da cultura e da comunicação. Porém, não é mais para preservar a promessa de emancipação. É, ao contrário, para atestar indefinidamente a alienação imemorial que faz de toda promessa de emancipação uma mentira realizável somente na forma do crime infinito, ao qual a arte responde por meio de uma "resistência" que não é senão o trabalho infinito do luto.

A tensão histórica das duas figuras da vanguarda tende assim a se esvanecer no par ético de uma arte da proximidade devotada à restauração do laço social e de uma arte testemunho da catástrofe irremediável que está na origem mesmo desse laço. Essa transformação reproduz exatamente aquela que vê a tensão política do direito e do fato esvanecer-se no par do consenso e da justiça infinita feita ao mal infinito. Estaríamos tentados a dizer que o discurso ético contemporâneo é tão só o ponto de honra dado às novas formas da dominação. Mas perderíamos assim um ponto essencial: se a ética *soft* do consenso e da arte de proximidade é a acomodação da radicalidade estética e política de ontem às condições atuais, a ética *hard*[89] do mal infinito e de uma arte devotada ao luto interminável da catástrofe irremediável aparece, por sua vez, como a estrita reversão dessa radicalidade. O que permite tal reversão é a concepção do tempo que a radicalidade ética herdou da radicalidade modernista, a ideia de um tempo cortado em dois por um acontecimento decisivo. Esse acontecimento decisivo foi, por muito tempo, o da revolução por vir. Na virada ética, essa orientação foi estritamente revertida: a história agora está ordenada segundo um acontecimento radical que não a divide mais à sua frente, mas às nossas costas. Se o genocídio nazista instalou-se no centro do pensamento filosófico, estético e político, quarenta ou cinquenta anos após a descoberta dos campos de extermínio, não

---

[89] Em inglês no original. (N. da T.)

foi somente em razão do silêncio da primeira geração de sobreviventes. Ele ocupou esse lugar, por volta de 1989, no momento do desmoronamento dos últimos vestígios dessa revolução que tinha, até então, ligado a radicalidade política e estética a um corte do tempo histórico. Ele ocupou o lugar do corte do tempo necessário a essa radicalidade, ainda que tenha invertido o seu sentido, transformando-a em catástrofe já ocorrida e da qual somente um deus poderia nos salvar.

Não quero dizer que a política e a arte estariam hoje inteiramente submissas a essa visão. Facilmente alguém poderia se contrapor aos meus argumentos, apontando que formas de ação política e de intervenção artística independentes ou hostis em relação a essa corrente dominante. É bem assim que o compreendo: a virada ética não é uma necessidade histórica. Pela simples razão de que não existe absolutamente necessidade histórica. Todavia, esse movimento tira sua força de sua capacidade de recodificar e de inverter as formas de pensamento e as atitudes que ontem visavam a uma mudança política ou artística radical. A virada ética não é o simples apaziguamento dos dissensos da política e da arte na ordem consensual. Antes, ela aparece como a forma última tomada pela vontade de absolutizar esses dissensos. O rigor modernista adorniano que queria purificar o potencial emancipador da arte de todo compromisso com o comércio cultural e com a vida estetizada torna-se a redução da arte ao testemunho ético sobre a catástrofe irrepresentável. O purismo político arendtiano, que pretendia separar a liberdade política da necessidade social, se torna a legitimação das necessidades da ordem consensual. A autonomia kantiana da lei moral torna-se a submissão ética à lei do Outro. Os direitos humanos tornam-se o privilégio do vingador. A epopeia de um mundo cortado em dois torna-se a guerra contra o terror. Mas o elemento central da reversão é sem dúvida certa teologia do tempo; é a ideia da modernidade como tempo votado para o cumprimento de uma necessidade interna, ontem cheia de glórias e hoje desastrosa. É a concepção de um tempo cortado em dois por um acontecimento fundador ou um acontecimento por vir. Sair da configuração ética de hoje, devolver às suas diferenças as invenções da política e da arte, isto quer dizer também recusar o fantasma de sua pureza, devolver a essas invenções seu caráter de cortes sempre ambíguos, precários e litigiosos. Isso supõe indissoluvelmente subtraí-los a toda teologia do tempo, a todo pensamento do trauma original ou da salvação por vir.[90]

---

[90] Esse texto foi apresentado em março de 2004, em Barcelona, no centro cultural CaixaForum, no âmbito do ciclo de conferências "Geografias do Pensamento Contemporâneo".

SOBRE O AUTOR

Nascido em Argel, em 1940, Jacques Rancière é Professor Emérito de Estética e Política da Universidade de Paris VIII — Vincennes/Saint-Denis, onde lecionou de 1969 a 2000. Entre suas obras mais recentes, destacam-se *L'inconscient esthétique* (2001), *La fable cinématographique* (2001), *Le destin des images* (2003), *Les scènes du peuple* (2003), *Malaise dans l'esthétique* (2004), *La haine de la démocratie* (2005), *Le spectateur émancipé* (2008), *Moments politiques: interventions 1977-2009* (2009), *Aisthesis: scènes du régime esthétique de l'art* (2011), *Le fil perdu* (2014) e *Les temps modernes: art, temps, politique* (2018).

Tem os seguintes livros publicados no Brasil: *A noite dos proletários* (Companhia das Letras, 1988), *Os nomes da história* (Educ/Pontes, 1994), *Políticas da escrita* (Editora 34, 1995), *O desentendimento* (Editora 34, 1996), *O mestre ignorante* (Autêntica, 2004), *A partilha do sensível* (Editora 34, 2005), *O inconsciente estético* (Editora 34, 2009), *O destino das imagens* (Contraponto, 2012), *As distâncias do cinema* (Contraponto, 2012), *O espectador emancipado* (WMF Martins Fontes, 2012), *A fábula cinematográfica* (Papirus, 2013), *O ódio à democracia* (Boitempo, 2014), *O fio perdido* (Martins Fontes, 2017), *Figuras da história* (Editora Unesp, 2018), *O espaço das palavras: de Mallarmé a Broodthaers* (Relicário, 2020), *O método da cena* (Quixote+DO, 2021), *Tempos modernos: arte, tempo, política* (n-1 edições, 2021), *O trabalho das imagens* (Chão da Feira, 2021), *João Guimarães Rosa: a ficção à beira do nada* (Relicário, 2021), *Aisthesis* (Editora 34, 2021) e *As margens da ficção* (Editora 34, 2021).

SOBRE OS TRADUTORES

Gustavo Chataignier é professor da Universidade Católica do Maule, em Talca, no Chile; doutor em filosofia pela Universidade Paris VIII (orientado por Daniel Bensaïd e Patrice Vermeren), pesquisador associado ao Departamento de Filosofia da mesma instituição, agraciado com a Chaire des Amériques (Institut des Amériques, Universidade Rennes II) em 2020; professor convidado pela Universidade de Valparaíso (2016), tendo participado das atividades relativas à entrega do título de Doutor Honoris Causa a Jacques Rancière; e pós-doutor em filosofia pela UFRJ. Seus principais temas de interesse são Estética e Teoria Crítica. É autor de *Temps historique et immanence* (L'Harmattan, 2012).

Pedro Hussak possui doutorado em filosofia pela UFRJ e atualmente é professor associado IV de Estética na Universidade Federal Rural do Rio de Janeiro (UFRRJ). Em 2014 realizou estágio na Université Paris I Panthéon-Sorbonne com pesquisa sobre o pensamento de Jacques Rancière. Organizou na revista *Aisthe* (UFRJ) dois dossiês dedicados a Rancière e, em 2020, no Canal do Centro de Estudos Avançados da UFRRJ organizou com Gustavo Chataignier o programa "Pandemia e Temporalidades" com a presença do próprio Rancière. Publicou vários artigos na área de Estética e é organizador, entre outras publicações, dos livros *Educação estética: de Schiller a Marcuse* (NAU, 2011), *Artes do corpo, corpos das artes* (Relicário, 2020) e *Modernismes et anthropophagies* (Éditions Mimésis, 2020). Traduziu também, em parceria com Carla Damião, *Diário parisiense e outros escritos*, de Walter Benjamin (Hedra, 2020).

COLEÇÃO TRANS
direção de Éric Alliez

Gilles Deleuze e Félix Guattari
O que é a filosofia?

Félix Guattari
Caosmose

Gilles Deleuze
Conversações

Barbara Cassin, Nicole Loraux, Catherine Peschanski
Gregos, bárbaros, estrangeiros

Pierre Lévy
As tecnologias da inteligência

Paul Virilio
O espaço crítico

Antonio Negri
A anomalia selvagem

André Parente (org.)
Imagem-máquina

Bruno Latour
Jamais fomos modernos

Nicole Loraux
Invenção de Atenas

Éric Alliez
A assinatura do mundo

Maurice de Gandillac
Gêneses da modernidade

Gilles Deleuze e Félix Guattari
Mil platôs
(Vols. 1, 2, 3, 4 e 5)

Pierre Clastres
Crônica do índios Guayaki

Jacques Rancière
Políticas da escrita

Jean-Pierre Faye
A razão narrativa

Monique David-Ménard
A loucura na razão pura

Jacques Rancière
O desentendimento

Éric Alliez
Da impossibilidade da fenomenologia

Michael Hardt
Gilles Deleuze

Éric Alliez
Deleuze filosofia virtual

Pierre Lévy
O que é o virtual?

François Jullien
Figuras da imanência

Gilles Deleuze
Crítica e clínica

Stanley Cavell
Esta América nova, ainda inabordável

Richard Shusterman
Vivendo a arte

André de Muralt
A metafísica do fenômeno

François Jullien
Tratado da eficácia

Georges Didi-Huberman
O que vemos, o que nos olha

Pierre Lévy
Cibercultura

Gilles Deleuze
Bergsonismo

Alain de Libera
Pensar na Idade Média

Éric Alliez (org.)
*Gilles Deleuze:
uma vida filosófica*

Gilles Deleuze
Empirismo e subjetividade

Isabelle Stengers
A invenção das ciências modernas

Barbara Cassin
O efeito sofístico

Jean-François Courtine
A tragédia e o tempo da história

Michel Senellart
As artes de governar

Gilles Deleuze e Félix Guattari
O anti-Édipo

Georges Didi-Huberman
Diante da imagem

François Zourabichvili
*Deleuze:
uma filosofia do acontecimento*

Gilles Deleuze
*Dois regimes de loucos:
textos e entrevistas (1975-1995)*

Gilles Deleuze
*Espinosa
e o problema da expressão*

Gilles Deleuze
Cinema 1 — A imagem-movimento

Gilles Deleuze
Cinema 2 — A imagem-tempo

Gilbert Simondon
*A individuação à luz das noções
de forma e de informação*

Georges Didi-Huberman
Imagens apesar de tudo

Jacques Rancière
As margens da ficção

Gilles Deleuze
Proust e os signos

Jacques Rancière
Mal-estar na estética

Este livro foi composto em Sabon,
pela Franciosi & Malta, com CTP
e impressão da Edições Loyola em
papel Pólen Natural 80 g/m² da Cia.
Suzano de Papel e Celulose para a
Editora 34, em junho de 2023.